**Illisibilité partielle**

# VALABLE POUR TOUT OU PARTIE DU DOCUMENT REPRODUIT

Couverture inférieure manquante

L. DUHAMEL
Archiviste de Vaucluse

LES

# ÉTATS PROVINCIAUX

## DU COMTAT-VENAISSIN

### AU XVe SIÈCLE

# LES
# ÉTATS PROVINCIAUX
## DU COMTAT-VENAISSIN
### AU XV<sup>e</sup> SIÈCLE

AVIGNON. — IMPRIMERIE SEGUIN FRÈRES.

L. DUHAMEL

Archiviste de Vaucluse

# LES
# ÉTATS PROVINCIAUX
## DU COMTAT-VENAISSIN

### AU XVᵉ SIÈCLE

# LES
# ÉTATS PROVINCIAUX
## DU
## COMTAT-VENAISSIN
### au XVᵉ siècle

Les Etats Pontificaux de France se composaient, à la fin du XIVᵉ siècle et à l'origine du XVᵉ, en 1400, de la ville d'Avignon et de son territoire et du Comtat-Venaissin. Ils avaient des bornes assez capricieuses, dont les accidents naturels du sol formaient cependant la majeure partie. Au Nord, la limite partait des contreforts du Mont-Ventoux, vers la source du Toulourenc, suivait le cours de l'Ouvèze jusqu'au point où cette rivière reçoit le Toulourenc, aux environs de Molans, remontait vers le Nord, en laissant à droite Mérindol et Piégon, en comprenant les territoires de Faucon, de Puymeras, revenant ensuite trouver le cours de l'Aigues, puis remontant vers le Nord pour englober tout le canton actuel de Valréas, se prolongeant ensuite par Suze, Bollène et Lapalud jusqu'au cours du Rhône, près de Pierrelatte, faisant face à l'embouchure de l'Ardèche. Cette ligne, qui n'avait rien de précis, laissait en dehors quelques territoires, quelques petites communautés telles que Eyroles, Valouse, Aubres, Les Piles, qui, bien qu'enclavées dans le Dauphiné, faisaient cependant partie des possessions du S.-Siège. Il en était de même de Solerieu. Les Etats Pontificaux avaient, de ce côté, pour voisin, le Dauphiné et plus particulièrement le Diois et le Valentinois. A l'Ouest, le petit Etat suivait la limite naturelle du Rhône, des environs de Pierrelatte jusqu'au point où il reçoit la Durance. Toutefois le lit même du fleuve et surtout les nombreux îlots qui se trouvaient dans ces parages furent, à toutes les époques, l'objet de nombreuses revendications et donnèrent lieu à des contestations interminables entre les officiers du Roi de France en Languedoc et ceux du Pape, chacun prétendant posséder le lit entier du fleuve et exiger par suite, les divers droits utiles ou honorifiques qu'emportait cette propriété. Vers le Sud, la limite entre le Comtat Venaissin et le Comté de Provence suivait le cours de la Durance jusqu'au delà de Cavaillon, puis les pentes du Léberon, remontait ensuite vers le nord, traversait le Caulon au dessous du pont Julien, en laissant à droite la petite ville de Bonnieux enclavée dans la Provence, mais appartenant au Comtat Venaissin, arrivait aux monts de Vaucluse, traversait la rivière de la Nesque près de Javon et gagnait les pentes orientales du mont Ventoux, laissant à droite les *terres adjacentes*, telles que le Comté de Sault et les Baronnies, pour regagner, aux environs de Brantes, sa limite septentrionale avec le cours de l'Ouvèze. Telles étaient dans leurs grandes lignes les limites des Etats Pontificaux. Ils n'avaient, on le voit, sauf du côté du Rhône, aucune barrière naturelle qui pût les protéger contre leurs puissants voisins le roi de France, le comte de Provence, le dauphin de Viennois ou les comtes de Valentinois et de Diois Ancien démembrement du Comté de Provence, cet état était destiné par sa situation topographique, à vivre de la même vie que ses voisins, à subir les mêmes événements et aussi, les comtes de Provence, les dauphins et les rois de France, n'ayant jamais oublié leurs prétentions sur ces États, à devenir le point de mire de leurs attaques et de leurs tentatives de réunion pure et simple. Ce fut surtout après le départ des Papes d'Avignon et pendant les discussions du Grand Schisme, que s'accentua cette politique des rois de France et de leurs vassaux vis-à-vis du Saint-Siège. Ces États se composaient intérieurement, de la ville d'Avignon formant réellement un petit état, et du Comtat Venaissin proprement dit, ayant Carpentras pour capitale, divisé en trois *judicatures* (1) composées elles-mêmes d'un certain nombre de communautés, de seigneuries et de fiefs et dont les chefs-lieux étaient Carpentras, L'Isle et Valréas.

La ville d'Avignon n'avait pas cessé d'être, depuis le départ de Grégoire XI, le siège principal du représentant du pouvoir pontifical. Il avait été exercé pendant quelque temps et jusqu'à la mort de Grégoire XI, par un vicaire général, Jean de Blandiac, l'un des six cardinaux qui n'avaient point suivi

---

(1) Ce terme même de *Judicatura* désignant les grandes divisions administratives du pays, indique qu'elles avaient eu pour origine, à une époque assez difficile, à déterminer l'administration de la justice. *Judicatura, judicatio* est la circonscription où s'exercent les fonctions d'un juge, *judicis districtus*. C'est ainsi qu'on lit dans une charte du sieur de Gaucourt de 1445: *Liberè et impugnè per judicaturas et terras baroniarum Vapincensis Comitatus*, dans les statuts donnés par Philippe de Cabassole au Comtat et approuvés par le pape Urbain V on voit aussi que les hauts dignitaires sont les *judices*.

le Pape à Rome. Il avait reçu tous les pouvoirs, spirituels, judiciaires, administratifs et même militaires. Mais il ne les exerça pas longtemps, et lorsque Robert de Genève eut été élu pape à Fondi, sous le nom de Clément VII, et lorsqu'il établit sa résidence à Avignon, l'année suivante, cette ville avec le Comtat-Venaissin, tomba sous le pouvoir des deux antipapes Clément VII et plus tard Benoît XIII.

Elle fut alors administrée par des Légats, parmi lesquels François de Conzié, archevêque de Narbonne et camérier du Pape, le cardinal Pierre de Foix et Julien de la Rovère, futur Jules II, furent les plus célèbres. Toutefois leurs attributions et leur autorité fut toujours limitée par les vieilles franchises et les antiques libertés de la cité formant, à cette époque comme antérieurement, un État séparé. Elle eut, comme au XIII° siècle, ses officiers agréés par elle, ses consuls, ses conseillers élus; et si ces institutions séculaires subirent quelques modifications sous l'influence des événements contemporains, leur principe fut toujours respecté par l'autorité pontificale.

Dans cette organisation municipale, le représentant le plus immédiat du pouvoir était le viguier, *vicarius*, personnage fort important, cumulant de hautes fonctions judiciaires et administratives, choisi par le Pape ou son représentant, mais accepté par la ville, et dont la nomination, comme la gestion, était entourée de nombreuses formalités. L'institution du viguier remontait au XIII° siècle. On le trouve mentionné, pour la première fois, dans les conventions du 6 mai 1251, entre les comtes de Toulouse et de Provence. Il eut alors le droit de lever, de commander et de conduire à la guerre les troupes de la ville. Il jugeait les causes d'appel, soit civiles, soit criminelles de la cour temporelle de la cité. Il avait même le pouvoir de condamner à des peines afflictives. Une bulle de Martin V, du 1ᵉʳ février 1425, lui reconnaît même la puissance de condamner à mort. Toutefois les attributions de ce magistrat furent considérablement réduites sous le gouvernement des Papes.

Au XVᵉ siècle, il a perdu la prérogative de commander les troupes. Il n'est plus qu'un magistrat connaissant des causes civiles et criminelles et, dans l'administration, il préside seulement l'assemblée municipale. Il reçoit, comme représentant du pouvoir, le serment de ceux qui la composent, conserve les privilèges de l'Université et juge les juifs de la ville. Il a la préséance sur les nobles et les magistrats, excepté le vice-légat et l'auditeur général. Il se fait escorter, dans les cérémonies publiques, de gardes armés de pertuisanes, et le signe distinctif de sa magistrature est une longue canne à pomme d'argent. Le viguier doit toujours être choisi parmi les principaux personnages. Une bulle de Martin V du 13 février 1425, ordonne que désormais, pour relever le prestige de ce personnage, en même temps que celui de la cité dont il est le premier fonctionnaire, nul ne pourra être investi des fonctions de viguier s'il n'est chevalier ou issu de maison de baron : « nisi militari cingulo insignitus, aut de baronum genere procreatus. » Une autre bulle d'Eugène IV, du 23 juillet 1433, renouvelle cette prescription : « nisi miles aut baronum genere procreatus existat. » Enfin une autre bulle de Nicolas V, du mois d'octobre 1447, confirme les précédentes. Une autre bulle de Martin V, du 1ᵉʳ février 1425, spécifie que, le viguier pouvant être appelé à condamner à mort et à verser le sang, les constitutions canoniques s'opposent à ce qu'aucun prêtre ou aucun religieux occupe cette magistrature.

Durant le XVe siècle, grâce à ces prescriptions, la charge de viguier fut confiée à d'importants personnages, presque toujours choisis dans la haute noblesse du pays. Nous trouvons successivement les Giraud Adhémar, les Brancas, les Cassagne, les Taulignan, les d'Ancézune, les de Fortia, les Pazzis, les Simiane, les de Sade. Les rois de France eux-mêmes, fidèles à la politique qu'ils ne cessèrent de suivre envers le Saint-Siège et les États d'Avignon et du Comtat-Venaissin, pendant tout le XVe siècle, briguèrent plus d'une fois, pour leurs représentants, les fonctions de viguier d'Avignon qui leur permettraient de s'immiscer dans les affaires de ce pays. C'est ainsi qu'en 1449, Charles VII demande « à ses chiers et bien amez les scindics d'Avignon » d'intervenir près du pouvoir pontifical pour la nomination de l'un de ses courtisans, Martin Héron, son valet de chambre, comme viguier d'Avignon. Son successeur, Louis XI, qui accentua encore cette politique, renouvela à plusieurs reprises, les mêmes demandes près des syndics de la vieille cité.

Dès son entrée en fonctions, le viguier jurait d'observer fidèlement toutes les prescriptions contenues dans le serment des consuls, de leur prêter un concours dévoué et éclairé, de les aider de tout son pouvoir dans l'administration de la ville et l'exécution et la défense de ses statuts et de ses droits. Une bulle de Pie II, du 18 janvier 1458, prescrivit, en outre, au viguier entrant en charge de jurer de se soumettre, à sa sortie, à l'épreuve du syndicat. Les fonctions de viguier étaient annuelles, et il ne pouvait être réélu qu'après un délai de quatre ans. Toutefois cette dernière prescription ne fut pas toujours observée, et plusieurs viguiers virent confirmer leurs fonctions pendant plusieurs années.

La formalité du Syndicat, à laquelle le viguier était soumis, n'était pas nouvelle. Nous la trouvons appliquée sous le gouvernement des Papes, et Urbain V avait déjà prescrit, par une bulle de mai 1366, que le viguier et ses lieutenants demeureraient dix jours après leur sortie de fonctions à Avignon, pour y subir leur syndicat.

Le 5 décembre 1414, le pape Jean XIII renouvelle cette prescription. Le viguier sortant doit se soumettre pendant un certain temps à l'examen de sa gestion. La raison veut, dit ce document, que ceux qui ont la haute mission de rendre la justice puissent être appelés, par ceux qui auraient eu à se plaindre d'eux, à justifier leurs sentences. La même bulle relève les injustices et les concussions que d'aveugles passions ont fait commettre dans la cité d'Avignon, au viguier, à ses lieutenants et aux juges, les excès et les crimes impunément commis, grâce à leur tolérance et au manque de sanction de leurs actes. Elle prescrit, pour faire cesser ces abus et pour que la justice soit égale pour tous, au grand avantage de la République, « per quam una quæque respublica conservetur et suscipiat ornamenta », que le viguier, ses lieutenants, les juges et autres officiers sortants de charge, séjournent pendant dix jours consécutifs dans la ville et soient prêts à justifier les actes de leur magistrature. Ces sages dispositions garantissaient l'inpartialité du viguier et la bonne administration de la justice.

L'administration proprement dite de la ville était confiée, au XVe siècle comme précédemment, à des représentants élus, syndics et conseillers.

Elle fut toutefois, souvent modifiée dans cette période, et les noms mêmes des magistrats municipaux, sinon leurs attributions, furent changés. Le titre primitif de consul, « consules », avait fait place, dès le milieu du XIIIe siècle, à celui de syndics, « sindici ». Nous les trouvons ainsi désignés jusqu'au milieu du XIIIe siècle. Les syndics, au nombre de deux, étaient alors créés par le conseil de ville. C'est ainsi que le vingt-trois juin 1408, le conseil élit comme syndics Louis de Cabassole et Hugues de Sade, et comme assesseur noble Rainaud de Pérussis.

En 1401, sous l'influence des événements qui troublèrent alors profondément la vie ordinaire de la vieille cité, l'administration municipale fut réorganisée. Les deux syndics nobles Catelan de la Roche et Guillaume Durini, assistés d'Antoine Véron, assesseur, présentent à François de Conzié de nouveaux statuts pour le gouvernement de la ville. Cet important document, contenant toute une constitution nouvelle, nous permet de connaître exactement et dans ses moindres détails, la nouvelle organisation.

Sur la convocation du viguier Jean Ratouchini, les chefs de famille, réunis en assemblée générale, divisent la ville en treize sections, devant élire chacune deux délégués qui, avec les syndics, les conseillers et l'assesseur, ont mission d'élaborer la nouvelle constitution de la République, « rem publicam et bonum statum civitatis concernentia. »

La première section comprenait les nobles et les bourgeois ne se livrant pas au commerce ; la seconde, les docteurs, les licenciés et autres clercs, les notaires criminels ou civils et les autres notaires ; la troisième, les changeurs, les monnayeurs, les argentiers et les potiers d'étain ; la quatrième, les drapiers, les chaussetiers, les tailleurs et tous métiers travaillant la laine; la cinquième, les merciers, les toiliers, les chenevassiers, les teinturiers, les cordiers et les tisseurs ; la sixième, les épiciers, les médecins, les marchands en gros, les perruquiers ; la septième, les ferratiers, les armuriers, les maréchaux, les serruriers, les éperonniers, les couteliers et tous les ouvriers en fer ; la huitième, les peaussiers, les tanneurs, les selliers et les vitriers ; la neuvième, les savetiers, les corroyeurs et les marchands de peaux ; la dixième, les bouchers, les fromagers, les poissonniers, les chandeliers, les poulassiers ; la onzième, les maçons, les fustiers et les gippiers ; la douzième, les hôteliers, les aubergistes et les marchands de chevaux ; la treizième, les fourniers, les pâtissiers, les marchands de blé et d'avoine, les jardiniers et les laboureurs.

Les délégués de ces treizes sections, réunis en assemblée générale, sous la présidence du viguier, rédigent des statuts touchant à tous les points de l'administration municipale. D'après cette nouvelle constitution, le viguier et les juges de la cour temporelle d'Avignon, seraient choisis, non plus parmi les citoyens de la ville, mais parmi les étrangers. Les charges seraient annuelles, et ces magistrats ne pourraient être réélus pendant trois ans. Ils devraient en outre, se soumettre, pendant cinquante jours, au syndicat. Les deux syndics étaient remplacés par trois syndics ayant les mêmes attributions que les anciens L'acte de 1411 ajoute au pouvoir des syndics celui de faire barrer de chaînes, en cas de danger commun, après avis du viguier, les divers quartiers de la ville, ou de confier cette mission à ceux qu'ils auront choisis.

Ils devaient recevoir, ainsi que l'assesseur, outre

le salaire annuel, un costume honorable et décent, valant cinquante florins. Ces syndics et leur assesseurs, ne devaient prendre aucune décision importante pour les intérêts de la ville, sans y être autorisés par la majorité du Conseil.

Le Conseil lui-même, était ainsi composé : Chaque section élirait deux conseillers, ce qui porterait à vingt-six le nombre des représentants nommés par les habitants. Ils étaient annuels. A la fin de l'année et dans les huit jours qui suivaient la Saint-Jean-Baptiste, le viguier devait convoquer les sections pour l'élection des vingt-six conseillers. Les élus étaient obligés d'accepter le mandat qui leur était confié, sous peine de 25 livres d'amende, applicables moitié au fisc de la cour temporelle d'Avignon et moitié à la commune. Ces dispositions devaient être acceptées en temps de paix comme en temps de guerre. Le viguier. élirait, pour compléter le Conseil, 14 membres choisis par les citoyens notables, nobles, bourgeois, clercs ou marchands, qui, sans distinction de titres ou de personnes, devaient intervenir, avec les syndics, l'assesseur et les vingt-six élus des sections dans toutes les affaires de la cité. Le Conseil, ainsi composé, formait donc un nombre total de quarante quatre membres, devant prêter, entre les mains du viguier, le serment de remplir fidèlement leur mandat.

Chacun d'eux devait assister aux réunions où il serait convoqué, sous peine de cinq sous d'amende, s'il n'avait une légitime excuse. Chaque année, la veille de la Saint-Jean-Baptiste et lors de la convocation du Conseil pour l'élection des syndics, une partie devait être remplacée; vingt conseillers sortaient de charge et l'autre moitié continuait à siéger, jusqu'à l'année suivante, les anciens conseillers devant mieux connaître que les nouveaux, les affaires et les besoins de la cité.

Lorsque le Conseil avait délibéré et que sa délibération avait été inscrite sur les registres, elle devenait exécutoire sans que les syndics, les membres du Conseil ou les élus de la guerre pussent y rien changer. Si, sur l'ordre de quelques-uns, la délibération était modifiée et s'il en résultait quelque préjudice pour la cité, les contrevenants étaient condamnés à payer les frais occasionnés par leur intervention. Les syndics et les conseillers, sous la présidence du viguier, de son lieutenant ou de l'un des juges de la cour temporelle, élisaient, chaque année, la veille de la Saint-Jean-Baptiste, trois syndics et un assesseur choisis parmi les plus considérés et les plus notables du Conseil, sans distinction d'origine. Ils élisaient également les autres officiers municipaux, le trésorier, les recteurs et administrateurs de la guerre, les receveurs, les contrôleurs et ils avaient droit de changement et de révocation. Ils élisaient également les auditeurs des comptes qui juraient de fidèlement examiner la situation financière de la ville. Les syndics, l'assesseur et les élus de la guerre ne pouvaient adresser, au nom de la ville, et sans le consentement du conseil, aucune supplique au Pape ou à ses représentants, pour obtenir d'eux quelques nominations ou quelques faveurs, sous peine d'une amende de 100 marcs d'argent. Ils ne pouvaient, sous la même peine, demander la confirmation de leur office ; lorsque le conseil jugerait convenable d'envoyer quelque ambassade au pape, à son légat ou à quelque autre souverain, les ambassadeurs nommés par lui, devaient s'acquitter ensemble et non séparément, des instructions qui leur seraient données, ils ne devaient jamais en dépasser le but ni réclamer, soit pour eux, soit pour leur famille, soit pour leurs amis, des offices, des grâces ou des faveurs, sous peine de payer les frais de l'ambassade. Les instructions leur étaient données en conseil, et remises, closes et scellées du sceau de la ville. Telle était dans ses dispositions principales, la nouvelle constitution confirmée par François de Conzié, à Villeneuve, dans le Palais du cardinal de Saluces, le 18 juin 1411. Elle régit la cité pendant la plus grande partie du XVe siècle.

Elle fut légèrement modifiée dans quelques-uns de ses articles, mais d'une façon peu sensible. Le 21 mars 1459, une bulle de Paul II supprima le nom de syndic, et rendit l'ancien titre de consul aux élus du conseil. Il leur accorda même tous les privilèges des chevaliers de milice armée. Cette réforme fut exécutée, le 19 avril 1460. Deux ans plus tard, en 1462, le Conseil relevait encore le prestige des consuls. Il ordonnait que, pendant ses fonctions, le consul ne devrait exiger, pour les affaires de la ville et pour son travail, aucune gratification, « poculenta », et il déclarait infâme, « infamis » celui qui contreviendrait à cette prescription, en le privant à perpétuité du titre de consul ou de conseiller. Il défendait à tout conseiller des Gabelles ou officier de la cité, de rien recevoir en dehors de ses appointements, sous les mêmes peines. Il prescrivait, enfin, que nul ne pourrait être élu conseiller s'il ne possédait, dans la cité, des biens meubles ou immeubles d'une valeur de mille florins, et un domicile propre et non loué. Ces nouvelles dispositions furent confirmées, le 16 juin 1442, par Pierre de Foix, légat d'Avignon.

Vers la fin du XVe siècle, il intervint encore quelques modifications dictées par les évènements dans l'organisation municipale d'Avignon. Le

14 décembre 1473, le légat Charles de Bourbon, archevêque de Lyon, et agent de Louis XI, en ces contrées, ordonna que les consuls et les conseillers seraient changés, les consuls tous les ans, et les conseillers de deux en deux ans. Une bulle de Sixte IV, du 1er juin 1474, porta que les officiers de la ville seraient annuels, et que les conseillers seraient élus par moitié, tous les ans. Une autre bulle du même pape, du 1er août 1479, fixa à 48, au lieu de 42, le nombre des représentants de la ville. Mais ces nouvelles dispositions ne modifiaient point sensiblement l'importance et les attributions de l'assemblée communale.

Elle fut pendant tout le XVe siècle, celle d'un petit État, presque d'une République, se gouvernant, s'administrant et gérant ses affaires sous le protectorat du Saint-Siège. Car, bien qu'elle n'eût plus les pouvoirs étendus des anciennes assemblées de la République avignonaise du XIIe siècle, elle se réunit encore pour délibérer sur les intérêts les plus graves de la cité. Elle conclut des alliances offensives et défensives avec ses voisins ; elle envoie et reçoit des ambassades, elle recrute, elle organise et elle subventionne les bandes armées, chargées d'attaquer ses ennemis ou de veiller à sa défense, comme elle arme aussi les milices citoyennes, chargées de défendre ses privilèges et ses libertés contre les attaques du pouvoir et son indépendance contre celles de ses puissants voisins. Durant la période agitée, pleine de dangers et de malheurs, qui inaugure le XVe siècle, ses mandataires attitrés, ses ambassadeurs, ses syndics ses élus de la guerre, la plupart, simples bourgeois, marchands ou docteurs, font preuve, aux jours les plus sombres, d'une activité prodigieuse, envisageant les événements les plus graves avec un calme et un sang-froid que rien ne trouble, se transformant en négociateurs et en diplomates, ne craignant point de se mesurer, sur ce terrain, avec les plus grands personnages, se répandant partout, veillant à tout, engageant même parfois leurs personnes et leurs biens pour la sauvegarde de la cité et la défense de la chose publique.

L'organisation intérieure du Comtat-Venaissin, à cette époque, était beaucoup plus compliquée. Il s'agissait, en effet, non plus seulement d'une ville libre, mais d'une petite province. Le pouvoir, sous toutes ses phases, y est exercé simultanément par les agents du Pape et par la représentation des trois classes de la population, clergé, noblesse et tiers-état, formant une assemblée provinciale jouissant des plus grandes libertés.

Le principal représentant du pouvoir pontifical dans le Comtat-Venaissin, en 1400, était le Recteur, *Rector Venaissini*. L'institution de cette dignité était bien antérieure au séjour du Saint-Siège en France. On en trouve des traces dès le commencement de l'occupation pontificale, et plus tard, dans une bulle du pape Grégoire X, du 27 avril 1274, en faveur de G. de Villaret, auquel il confie l'administration du Venaissin :

« Nous vous confions, jusqu'à notre bon plaisir,
« le soin, la garde, l'administration, le gouverne-
« ment et la juridiction au temporel de cette terre
« de Venaissin.

« Nous vous chargeons, de plus, de recueillir et
« de conserver fidèlement, au nom de l'Église, les
« revenus et les produits dus à la dite Église en
« cette province.

« Curam, custodiam, administrationem, regi-
« men et jurisdictionem terræ illius Venayssini,
« quoad temporalia, tuæ sollicitudini ad nostrum

« beneplacitum præsentium auctoritate committi-
« mus. Redditus autem et proventus ibidem su-
« pra dictæ ecclesiæ debitos, nostro et ejusdem
» ecclesiæ nomine integre colligas, fideliter colli-
« gas ac conserves (1). »

En 1290, Jean de Grillac prend, dans les actes, le titre de Recteur du Comtat-Venaissin : *Rector et Comes Venaissinus*. Le Recteur eut donc, dès cette époque, sous sa direction, dans toute l'étendue de la province, la justice, les armes et les finances. C'est Guillaume de Villaret qui donna, pour ainsi dire, la première constitution à ce pays : « *Novam constitutionem moderandæ Reipublicæ promulgat* », qui établit sa résidence ordinaire à Pernes : « *Oppidi Paternarum juridictionem Romanæ ecclesiæ acquirit* »

Le Recteur était nommé par une bulle ou par un bref du Pape. C'est ainsi que, par une bulle du 17 novembre 1362, le pape Urbain V nommait le fameux évêque de Cavaillon, Philippe de Cabassole, l'ami de Pétrarque, Recteur du Comtat-Venaissin, en remplacement de Guillaume de Roffillac:
« *Cum itaque venerabilis frater noster Guillermus,*
« *episcopus Forojuliensis, asserens se comodè vacare*
« *non posse ulterius officio Rectoriæ dicti Comita-*
« *tus quod usque ad beneplacitum sedis apostolicæ*
« *dudum fuerat, apostolica sibi auctoritate commis-*
« *sum ab eo petierit se absolvi... Te Rectorem dicti*
« *Comitatus ac jurium et pertinentiarum ipsius in*
« *temporalibus sic tamen quod censuram ecclesiasti-*
« *cam in fulcimentum jurisdictionis temporalis dum-*
« *taxat exercere usque ad ejus sedis beneplacitum*
« *autoritate apostolica deputamus* (2). »

(1) Fantoni. Storia del Contado Venayssino. Tom 1. pag. 151.
(2) Archiv. de Vaucluse B. 7, fol. 1.

Pendant la période du schisme, l'antipape Benoît XIII nomma, de même, ses parents, Antoine et Rodrigue de Luna, recteurs du Comtat-Venaissin. La bulle du 26 août 1408, conférant cette dignité au dernier, s'exprime ainsi : « *Tibi regimen Rectoriæ Comitatus nostri Venaissini usque ad apostolicæ Sedis beneplacitum, apostolica auctoritate committimus per presentes.* » (1).

D'après ces documents, les attributions du Recteur, en matière administrative, sont fort étendues. Dans la bulle de nomination de Philippe de Cabassole, le pape sanctionne d'avance toutes les mesures prises pour le bon gouvernement du pays et ratifie tous les jugements qu'il rendra : « *Nos enim sententias sive penas quas retuleris seu statueris in rebelles, rata habebimus faciamus, auctore Domino, usque ad satisfactionem condignam inviolabiliter observari.* »

Les pouvoirs d'Antoine de Luna et surtout de Rodrigue de Luna sont, vu les circonstances exceptionnelles, encore plus étendus. Le pape lui donne mission, non seulement de gouverner et d'administrer le Comtat-Venaissin, selon ses intérêts, mais aussi de relever ou de détruire toutes les fortifications qui lui paraîtront utiles ou nuisibles à la défense du pays, de changer ou de destituer tous les capitaines, châtelains, bailes, viguiers et autres officiers, de les relever de l'hommage dû au Pape, de le recevoir de leurs remplaçants : en un mot, d'exercer le pouvoir suprême au lieu et place du souverain.

En matière judiciaire, les pouvoirs du Recteur n'étaient pas moins grands. Dès le Rectorat de Guillaume de Villaret, en 1284, nous le voyons établir et organiser, à Pernes, le tribunal de la

(1) Archiv. de Vaucluse B. 7, fol. 110.

Rectorie (1). En 1363, Philippe de Cabassole dicte, comme Recteur, des statuts destinés à coriger les abus introduits dans l'administration de la justice et à régler l'ordre judiciaire (2). Ce tribunal du Recteur ou Rectorie, qui suivit naturellement les Recteurs à Carpentras, jugeait non seulement les causes de la judicature de Carpentras, mais c'était la cour suprême de toute la province ; les jugements étaient presque sans appel et pouvaient aller jusqu'à la peine capitale (3).

Les émoluments du Recteur du Comtat-Venaissin, relativement assez considérables, étaient pris sur les revenus de la Chambre Apostolique. Une bulle du 1er juin 1274 fixait ceux de Guillaume de Villaret à 15 sous tournois par jour (4).

Une autre d'Urbain V fixait, en 1364 (5), ceux de Philippe de Cabassole à 40 sous de petits tournois par jour, somme qu'il toucha réellement des mains du Trésorier du Comtat (6).

Les attributions si étendues du Recteur du Comtat n'étaient confiées, on le comprend, qu'à des

---

(1) In eo loco (Paternarum) tribunal Rectoriatus erigit. Cottier. Recteurs du Comtat Venaissin, pag. 23.
(2) Ces statuts existent en Mss. Archiv. de Vaucluse, B. 7, fol. 3.
(3) E giudice supremo della provincia tutta del Venessino con giurisdizzione che dispone della cita ancora d-gli huomini (Fantoni, tom. I, pag. 93) On sait que le tribunal de justice du Recteur fut appelé Cour suprême du Comté Venaissin et que les jugements de ce tribunal étaient sans appel. (Cottier.- Recueil de divers titres, pag. 23).
(4) Cottier. Rect. du Comtat, pag. 20.
(5) Archiv. de Vaucluse B. 7, fol. 2.
(6) Primo solvi R. in Christo patri Domino Philippo, Patriarchæ Jerosolimitano, rectori dicti Comitatus, pro stipendiis suis anni predicti in quo propter bisextum fuerunt III<sup>e</sup> LXVI dies, ad rationem XL solidorum turonensium parvorum qui valent III lib. Clement pro qualibet die.... M CCCCLX III lib. Clement. (Comptes de 1364. Archives de Vaucluse C.)

personnages importants. C'est ainsi que, du XIII<sup>e</sup> au XV<sup>e</sup> siècle, nous trouvons, dans la liste de ces hauts dignitaires, des favoris ou des parents des souverains Pontifes, Guillaume de Villaret et Ferdinand de Heredia, qui devinrent plus tard, l'un et l'autre, grands maîtres de l'ordre de St-Jean-de-Jérusalem, Arnaud de Trian, neveu, par alliance, du pape Jean XXII, Philippe de Cabassole, l'ami d'Urbain V, Aymard de Poitiers, comte de Valentinois, Guillaume Roger, comte de Beaufort, Antoine et Rodrigue de Luna, neveux de l'antipape Benoît XIII.

Au dessous du Recteur, nous trouvons presque toujours, au XV<sup>e</sup> siècle, un lieutenant de Recteur, qui porte les différents noms de *locumtenens, vicerector,* quelquefois *Regens Comitatus Venaissini* ou même *Presidens pro Domino nostro papa in curia Rectoriatus.* Le lieutenant d'Antoine de Luna était Pierre Dalie (1), et celui de son frère Rodrigue était Guillaume *de Vallisperii,* qualifié, dans certains actes, de lieutenant du Recteur du Comtat-Venaissin, pour Rodrigue de Luna (2).

Mais quels que fussent les pouvoirs du Recteur ou de son lieutenant, quelque prédominante que fût sa volonté dans l'administration intérieure du pays, au point de vue politique, militaire, judiciaire ou financier, elle n'était point sans contrôle. Ce serait se faire une idée fausse que de supposer que cette petite province était entièrement livrée aux caprices d'un gouvernement personnel où la

---

(1) Coram venerabili et circumspecto viro eximio Dalie, decretorum doctore, locumtenenti domini Antonii de Luna, rectoris Comitatus Venaissini.

(2) Item die Februarii XVIII Rogerius Clerici, clericus domini Guillelmi Vallisperii, prior Beatæ Mariæ de Greso, locumtenentis domici Rectoris confessus fuit, etc. (Cottier, Recteurs, pag. 110.)

volonté du prince était tout et où celle des vassaux ou des sujets ne se manifestait ni dans les affaires des communautés ni dans celles qui intéressaient l'État tout entier. Ces communautés, grandes ou petites, villes, bourgs ou villages, avaient conservé, à travers les siècles et malgré les invasions et les révolutions, ayant profondément ébranlé, mais, non complètement détruit l'organisation romaine, leurs franchises et leurs libertés. Dans leur vie intérieure, dans leur système judiciaire ou financier, comme dans leur mode d'administration, nous saisissons, et cela non seulement au XV<sup>e</sup> siècle, mais jusqu'à la veille de la réunion du Comtat à la France, les traces multiples de l'ancien état de choses. Dans la communauté, tout est régi par le vote non point de la totalité des habitants, mais des chefs de famille. Il arrive même parfois que le chef de famille étant une femme, elle acquiert, par son seul titre, le droit de se mêler de la chose publique et d'exprimer son suffrage. Ce sont ces chefs de famille qui réunis le plus souvent, au son de la cloche, *ad sonum campanæ*, sur la principale place ou devant le porche de l'église, élisent, à la pluralité des voix, conseillers, consuls, trésoriers, procureurs, mandataires, secrétaires et jusqu'à ce qu'on appelait alors les maîtres des victuailles, c'est-à-dire les modestes gardes des récoltes. C'est parmi ces représentants élus des communautés que sont choisis, à leur tour, ceux qui, de concert avec les représentants du clergé et de la noblesse, se réunissent, chaque année, et quelquefois plus souvent, surtout au XV<sup>e</sup> siècle, au chef-lieu de la province, c'est-à-dire, à Carpentras, pour former les *États-Généraux* ou simplement les *États du Pays*, émanation directe des volontés et des intérêts de la province entière, dont le rôle est de bonne heure, très considérable et qui ne cessent, à toutes les époques, de travailler, à côté du pouvoir souverain et quelquefois en opposition avec lui, avec une compétence parfaite, avec un désintéressement profond et un dévouement sans bornes, à sauvegarder l'indépendance, la sécurité et l'honneur de cette terre, que dans leur naïf et touchant langage, ils appellent du beau nom de *Patria Venaissini*, la patrie du Venaissin.

L'influence de cette représentation nationale est tellement grande, au XV° siècle, dans les graves événements qui se déroulent, ses membres apportent à toutes les questions agitées une telle activité et un tel esprit de solidarité, qu'il est impossible de se faire une idée exacte de l'état de ce pays, à ces époques lointaines, si on ne pénètre dans les détails de son organisation, si on n'étudie le mode d'élection, de réunion, de discussion, si on ne se mêle pas, en un mot, à cette vie intérieure dont les événements ne réflètent qu'imparfaitement les manifestations multiples.

Il est assez difficile de déterminer exactement quelle avait été l'origine de cette représentation provinciale et à quelle époque elle reçut sa première organisation. Il est probable que, dans le Comtat-Venaissin comme ailleurs, ces assemblées ne furent primitivement que celles des principaux feudataires laïques et ecclésiastiques qui se rendirent, en certaines circonstances, près du représentant du prince pour lui servir de conseil et que les représentants des communautés n'y furent appelés que plus tard.

C'est ainsi qu'en 1282, nous voyons le Recteur appeler dans son conseil les évêques de Vaison et de Cavaillon (1). En 1302, nous trouvons, pour

(1) Boyer, Hist. de l'Église de Vaison. — Cottier, Recteurs, pag. 40.)

la première fois, une mention indiquant une réunion des évêques, barons et communautés convoquée à l'occasion des vexations du Recteur du Comtat et nommant des députés pour aller solliciter du Pape un remède aux maux qu'endure le pays (1). En 1311, nous voyons encore les évêques, les barons et les communautés réunis et portant leurs représentations au recteur Raymond Guilhem, au sujet de redevances à la Chambre Apostolique (2). Mais il n'est pas question, dans ces deux cas, d'assemblée organisée. Il n'en est plus de même en 1338, si nous en croyons certains auteurs. Le siège du gouvernement du Comtat ayant été transféré de Pernes à Carpentras, Pierre Guilhem, évêque d'Orange, recteur, vint s'y établir en 1336. Il autorisa l'établissement du Conseil de la ville de Carpentras, le 15 février 1336 et, au commencement de l'année 1338, il convoqua les États du pays au Palais Rectorial. Ce fut cette assemblée qui dressa des Statuts unanimement souscrits, le 13 février 1338 (3). C'est, croyons-nous, la première mention connue de la réunion des *États du Pays*.

Il est regrettable que l'auteur qui cite ce fait n'indique pas où il a puisé ce renseignement et se contente surtout de mentionner simplement ces Statuts dressés par les représentants du Pays et qui étaient peut-être la constitution même de ces États.

Nous lisons dans le même auteur : « Comme « évêque de Cavaillon, il (Philippe de Cabassole) « avait assisté, avec les autres prélats du Venaissin, « les députés des seigneurs féodataires et ceux

---

(1) Cottier, Recteurs, pag. 40.
(2) Ibid. pag. 47.
(3) Ibid. pag. 60.

« des communes de ce pays, à l'assemblée tenue
« à Carpentras en 1338, dans laquelle on convint
« de plusieurs articles statutaires qui furent publiés
« le 13 février de cette même année (1). »

Enfin l'auteur du *Recueil de divers titres* s'exprime ainsi relativement aux assemblées des Etats de la province :

« L'incendie, qui en 1713 consuma la plus
« grande partie des archives de la province du
« Comté Venaissin, nous a privés des éclaircisse-
« ments que l'on pourrait désirer sur l'origine de
« la tenue des États de cette province.

« Il conste à la vérité que ces Etats se sont as-
« semblés avant le milieu du XIV° siècle, qu'en
« 1338 ils furent convoqués au Palais Rectorial,
« que les évêques de Carpentras, Cavaillon et
« Vaison s'y trouvèrent en personne, que la no-
« blesse y envoya ses députés et que les villes et
« villages du Comté Venaissin y envoyèrent aussi
« les leurs ; mais on ne sait pas, si avant cette as-
« semblée, les Etats avaient été jamais réunis, on
« ignore même s'ils continuèrent à s'assembler
« régulièrement (2).

Ainsi, ce serait dans la première moitié du XIV° siècle et au pontificat de Benoît XII que nous devrions faire remonter la première mention des Etats du pays. Outre que cette organisation s'expliquerait par le changement qui s'opère dans l'administration générale du pays, dont le siège est transporté de Pernes à Carpentras, il est certain que, quelques années plus tard, et surtout en 1363, cette assemblée existait. En cette année, en effet, les Etats, sur la convocation du Recteur, « *de mandato dicti Domini Rectoris* », et

(1) Cottier. Recteurs, pag. 70.
(2) Id. Recueil de divers titres, pag. 39.

après en avoir délibéré, « *matura deliberatione* », répartissent sur les évêques, les barons, les châtelains, les nobles et les communautés, composant les trois judicatures de Carpentras, de l'Isle et de Valréas, formant toute la province, une taille imposée pour les nécessités du pays. La première partie de cette répartition est ainsi indiquée : « *Tallia baronum, castellanorum, aliorum nobi-* « *lium equas sive deliberationes facientium* », et la seconde partie contient l'énumération des communautés et l'indication de leur part respective dans la taille. Elle est intitulée : *Tallia popularium*.

En 1375, les Etats acceptent la répartition d'une taille de 8,000 florins, frappée sur le pays :

L'an MCCCXXV, al mes d'apvril fou azordenada una tailhia al Comtat de Venayssin *e consentida per los III Estats dal dich Comtat* (1).

En 1376, avant son départ pour Rome, Grégoire XI, par une bulle donnée à Avignon, le 7 septembre, statua que dix personnes de chaque judicature s'assembleraient à Carpentras, en présence du Recteur, une fois tous les ans, ou plus souvent, s'il était nécessaire, pour traiter des affaires du pays. Bien que la forme des *Assemblées ordinaires du pays* ait varié, dans la suite, nous n'hésitons pas à voir dans cette bulle, l'origine de ces assemblées annuelles qui formaient comme le Conseil ordinaire du Recteur du Comtat-Venaissin.

En 1383, le Pape ayant demandé aux habitants du pays un subside de 6,000 florins d'or, cette somme est votée par les Etats du pays.

Quelques années plus tard, en 1392, lorsqu'il fut question de traiter de la paix avec le fameux Raymond de Turenne, paix conclue le 5 mai

---

(1) Archiv. de Vaucluse. C. 130, fol. 19.

1392, ce furent les Etats du Comtat-Venaissin qui sur la demande que leur en fait, au nom du Pape, le Recteur Odon de Villars, s'obligent à fournir une somme de 20,000 florins devant être comptée au célèbre routier pour prix de l'évacuation de certaines places qu'il occupait (1).

Il paraît donc certain que ces Etats, tant généraux qu'ordinaires, existaient et s'étaient constitués au milieu du XIVe siècle. Nous en avons, du reste, une preuve indiscutable dans leur organisation telle que nous la trouvons dans les premières années du XVe siècle, dans les documents originaux eux-mêmes. Car l'incendie de 1713, malgré ses ravages, ne détruisit point toutes les archives de la province. Le dépôt départemental de Vaucluse et la bibliothèque de Carpentras conservent encore une collection assez complète et remontant à 1400, de registres de délibérations de ces assemblées. C'est à l'aide de ces documents que nous allons pouvoir étudier leur organisation intérieure.

Les diverses assemblées désignées sous les noms de *Tres Status Comitatus Venaissini, Consilia Electorum Comitatus Venaissini, Consilium electotorum* étaient, au XVe siècle, comme plus tard, au nombre de quatre.

1° Les *Etats-Généraux*, qui ne se tenaient que rarement et dans les circonstances solennelles. Ces Etats se composaient des évêques de la province, de tous les gentilshommes possédant fief, des députés de toutes les communautés du pays, choisis parmi les consuls ou syndics des communautés.

2° *L'Assemblée Générale du Pays*, qui se tenait chaque année, et qui se composait des évêques de Carpentras, de Cavaillon et de Vaison, des élus de

(1) Cottier. Recteurs, pag. 98.

la noblesse, du premier et du second consul de Carpentras, des premiers consuls de l'Isle, de Valréas, de Pernes, de Cavaillon, de Bollène et de six autres consuls fournis par les trois judicatures.

3° *L'Assemblée ordinaire*, composée de l'évêque de Carpentras ou de son vicaire général, de l'élu de la noblesse, ou de son lieutenant et du premier et du second consul de Carpentras.

4° Enfin une assemblée composée des élus, *Electi*, des trois ordres, sorte de délégation de la représentation nationale, siégeant à Carpentras, près du Recteur, formant une sorte de conseil permanent, partageant, avec le représentant du pouvoir, les charges et la responsabilité de l'administration publique. Ces assemblées, dont les deux premières méritent seules le nom d'Etats, les deux autres n'étant, nous venons de le dire, que des délégations près du pouvoir, étaient, de 1405 à 1415 composées de la manière suivante :

Les représentants du clergé étaient les sept évêques de la province : les évêques de Carpentras, de Cavaillon, d'Apt, d'Avignon, de Vaison, d'Orange, de St-Paul-Trois-Châteaux (1).

Les représentants de la noblesse et du tiers Etat étaient fournis par les seigneurs ou coseigneurs et les communautés des trois judicatures de Carpentras, de l'Isle et de Valréas. En 1406, voici quelle était, d'après les registres des délibérations des Etats, la composition de cette assemblée :

---

(1) On sait que l'archevêché d'Avignon ne fut créé qu'en 1476, en faveur de Julien de la Rovère. On pourrait s'étonner de trouver dans la représentation ecclésiastique du Comtat, les évêques d'Apt, qui était de Provence, d'Orange, qui formait une principauté séparée, et de St-Paul-Trois-Châteaux, qui se trouvait en Dauphiné, si on ne savait que certaines communautés, telles que Bonnieux, appartenaient au Comtat, bien que situées dans les limites des provinces voisines.

**JUDICATURE DE CARPENTRAS.** — Seigneurs vassaux : de Bédoin (*Bedoyni*), de Baumes (*Balmarum*), de Loriol (*Aurioli*), de Crillon (*de Credulione*), de Modène (*de Maudena*), de Caromb (*de Carumbo*), de Saint-Hippolyte (*Sancti Ypoliti*), du Barroux (*de Albaruffo*), d'Urban (*de Durbanis*), de Malaucène (*de Malaussena*), de Sérignan (*de Serinhano*), de Saint-Roman-de-Malegarde (*Sancti Romani Malegarde*), de Vacqueyras (*de Vacayrassio*), d'Aubignan (*Albhanano*). — Co-Seigneurs vassaux de Venasque (*de Venasca*), de Methamis (*de Nometamiis*), de Masan (*de Masano*), de Saint-Didier (*Sancti Desiderii*), d'Entrechaux (*de Intercallis*), de Puymeras (*Podii Almeracii*), de St-Romain-en-Viennois (*Sancti Romani in Vaynesio*), d'Entraigues (*de Interaquis*), de Vedène (*de Vedena*), de Caderousse (*Caderossæ*).

Communautés. — Carpentras (*Carpentoracte*), Pernes (*Paternæ*), La-Roque-sur-Pernes (*de Ruppe-supra Paternas*), Le Baucet (*de Bauceto*), Venasque (*Venasca*), Malemort (*Malamorte*), Blauvac (*de Blaudiaco*), Methamis (*de Nometamiis*), Villes (*de Villa*), Mormoiron (*de Murmurione*), Masan (*de Masano*), Bédoin (*de Bedoyno*), Crillon (*de Credulione*), Modène (*de Maudena*), Caromb (*de Carumbo*), Le Barroux (*de Albaruffo*), Malaucène (*de Malaussena*), Le Crestet (*de Cresto*), Entrechaux (*de Intercallis*), Faucon (*de Falcone*), Puymeras (*de Podio Almerassio*), St-Romain-en-Viennois (*de Sancto Romano in Vaynesio*), de Vaison (*de Vasione*), de Monteux (*de Montiliis*), d'Entraigues (*de Interaquis*), de Vedène (*de Vedena*), du Pont-de-Sorgues (*de Ponte Sorgiæ*), de Caderousse (*de Cadarossa*), de Sérignan (*de Serinhano*), de Camaret (*de Camareto*), de Travaillan (*de Trevelhano*), de Rasteau (*de Rastello*), de Cairanne (*de Cayranna*), de St-Roman-de-Malegarde (*Sancto Romano-Malegardæ*), de Buisson (*de Boyssono*), de Villedieu (*Villadei*), de Sablet (*de Sableto*), de Séguret (*de Segureto*), de Vacqueyras (*de Vacayrassio*), de Baumes (*de Balmis*), d'Aubignan (*de Albanhano*), de Serres (*de Serris*), de Loriol (*de Auriolo*).

**JUDICATURE DE L'ISLE.** — Seigneurs vassaux : du Thor (*de Thoro*), de Châteauneuf (*de Castrinovi*), de Robion (*de Robione*), de Maubec (*de Malobecco*). — Co-Seigneurs vassaux : de St-Saturnin-d'Avignon (*Sancti Saturnini Avinionensis*), de Caumont (*de Cavismontibus*), de Menerbe (*Minerbæ*), de Saint-Saturnin-d'Apt (*Sancti Saturnini Aptensis*), de Croagnes (*de Crohanhis*), de Lagnes (*de Laneis*), de Velleron (*Avelaronis*).

Communautés. — de L'Isle (*de Insula*), de Velleron (*de Avelarone*), du Thor (*de Thoro*), de Thouzon (*de Tudone*), de Châteauneuf (*de Castronovo*), de Caumont (*de Cavismontibus*), des Taillades (*de Talliatis*), de Robion (*de Robione*), de Maubec (*de Malobecco*), d'Oppède (*de Oppeda*), de Menerbe (*de Minerba*), de Bonnieux (*de Bonilis*), de Saint-Saturnin-d'Apt (*Sancti Saturnini Aptensis*), de Cabrières (*de Capreriis*), de Lagnes (*de Laneis*), de Saumane (*de Saumana*).

**JUDICATURE DE VALRÉAS.** — Co-Seigneurs vassaux : de Valréas (*de Valriaco*) de Rousset (*de Rosseto*), des Aubres (*de Arboribus*), de Valouse (*de Vallosis*), d'Eyroles (*de Ayrolis*), de La Garde-Paréol (*de Guarda Pariolis*), de Rochegude (*Ruppisacutæ*), de Derboux (*de Darbucio*), de Bouchet (*Buxedonis*), de La Bâtie-près-Mornas (*Bastidæ prope Mornassium*), de La Motte (*de Mota*), de La Bastide-des-Raynauds (*Bastidæ Raynaudorum*), de Pierrelatte (*Petralapta*), de Sollerieu (*de Sollerio*).

Communautés. — de Valréas (*de Valriaco*), de Bollène (*de Abolena*), de Mornas (*de Mornatio*), de Visan (*de Avisano*), de Piolen (*de Podioleno*), de Sainte-Cécile (*Sanctæ Ceciliæ*), de Rochegude (*de Rupeacula*), de La Garde-Paréol (*Guardæ Pariolis*), de Bouchet (*de Buxedone*), de Pierrelatte (*de Petralapta*), de la Motte (*de Mota*), de Richerenches (*de Richarenchiis*), de Bolboton (*de Borbotono*), de Rousset (*de Rosseto*), de St-Pantaléon (*de Sancto Pantaleone*), des Aubres (*de Arboribus*), des Piles (*de Pilis*), de Valouse (*de Vallosis*), d'Eyroles (*de Ayrolis*).

Telle était, en 1406, la composition des Etats du Comtat-Venaissin. On y comptait donc les sept évêques de la province, les seigneurs ou leurs représentants de 17 seigneuries, 31 coseigneurs, et pour le tiers Etat, les représentants de 78 communautés. En 1410, la composition de cette assemblée était la même, et elle ne varia pas durant la première moitié du XV<sup>e</sup> siècle.

Lorsque le Recteur jugeait la présence des Etats du pays nécessaire, il les convoquait à Carpentras. C'était toujours le Recteur ou son représentant qui faisait cette convocation (1).

Il arrivait cependant, que les Etats étaient parfois convoqués, non sur l'initiative propre du Recteur, mais sur la demande à lui faite par les *Élus* de ces mêmes Etats qui, considérant que certaines affaires étaient trop graves pour en accepter seuls la charge et la responsabilité, jugeaient utile de faire appel à tous les représentants du pays. C'est ainsi qu'en 1406, Jean Mercorii, Berenger de Simiane, Bertrand Guintrandi, Berenger Raymond, Pierre Cathelani, élus des Etats, après plusieurs

---

(1) Citati per litteras dicti domini (1410)

séances consacrées à étudier les affaires du pays, concluent qu'ils ne peuvent prendre une résolution définitive sans en appeler aux États, attendu, dit leur délibération *que ce qui touche à tous doit être ratifié par tous :* « *quia quod omnes tangit ab omnibus est ratificandum.* » Ils se rendent donc près du lieutenant du Recteur, lui font part de leur résolution et lui demandent de convoquer les trois États pour délibérer en commun sur les affaires de la patrie : « *ubi deliberatur supra negotiis patriæ pertractandis* (2). »

Dans l'un et dans l'autre cas, la convocation pour la tenue des États était portée, dans chaque judicature, par des messagers spéciaux. C'était ordinairement au palais de la Rectorie, à Carpentras, qu'avait lieu la réunion des représentants du pays, « *in aula Rectorialus* » (1406). Au jour fixé, les noms des divers membres de l'assemblée étaient appelés par ordre par le notaire de la cour de la Rectorie (1). Les absents étaient signalés au procureur fiscal, qui requérait immédiatement du Recteur, une déclaration de contumace contre eux, et qui demandait l'application des peines édictées par les statuts. Toutefois la convocation des États à Carpentras n'était pas absolument obligatoire. Ils pouvaient être réunis dans toute autre ville de la province. C'est ainsi qu'en 1409, le 7 décembre,

(2) *Et quod prout eisdem videbatur concludere non debebant sine evocatione Trium Statuum; post multa verba et opiniones, fuit conclusum quod Tres Status vocentur, quia quod omnes tangit ab omnibus est ratificandum; et sic accesserunt ad dictum dominum locumtenentem et premissa sibi explicaverunt et finaliter fuit conclusum quod evocentur Tres Status ad diem XIII hujus presentis mensis ubi deliberatur supra negotiis patriæ pertractandis.*

(1) *Vocati personaliter per ordinem per me Johannem Aulanheti, notarium curiæ rectoriatus.* »

ils se réunirent, sur la convocation de Rodrigue de Luna, dans le palais pontifical élevé par Jean XXII sur les bords de la Sorgue, au pont de Sorgues, pour délibérer sur les secours à accorder au Recteur, pour soutenir la guerre :

« *Anno a Nativitate Domini MCCCCIX° et die Veneris septima Decembris, Tres Status Comitatus Venaissini nominati in litteris citatoriis domini Rectoris et electi nominati in eisdem litteris in Palatio Pontis Sorgiæ ordinaverunt supra negotiis patriæ.* »

Le plus souvent, après une courte apparition au palais Rectorial, c'était dans le couvent des Frères Prêcheurs de Carpentras que l'assemblée poursuivait ses travaux. Ce fut là qu'elle se réunit de 1406 à 1407. Dès leur constitution, le Recteur ou son lieutenant, exposait aux Etats l'objet de la convocation. C'est ainsi qu'en 1406, les Etats-Généraux, convoqués par Rodrigue de Luna, entendent l'exposition qu'il leur fait de la situation du pays et des besoins du Saint-Siège. Il leur rappelle le dévouement qu'ils doivent à l'Eglise, que des ennemis nombreux menacent la province, et il demande aux Etats de pourvoir sans retard à sa défense. Il leur demande d'envoyer une ambassade vers l'antipape son oncle, qu'il considère comme le véritable chef de l'Eglise. Il leur expose enfin que, depuis qu'il est venu dans le pays, sur l'ordre de son oncle, il a fait de grandes dépenses pour la levée de guerre et pour sa défense, et il leur demande d'y apporter un soulagement.

En 1417, le Recteur, Jean de Poitiers, évêque de Valence et de Die, expose aux Etats les demandes du roi de Sicile. Il a écrit à son sénéchal que des bandes armées du duc de Bourgogne, au nombre de cinq mille cavaliers, menacent de ravager la

Provence, qu'il est nécessaire de fortifier les villes et les châteaux et d'inviter le Comtat Venaissin à prendre la même mesure. Il ajoute que, dans le Comtat, il y a de nombreuses localités complètement dépeuplées, qui ne pourraient pourvoir à la garde de leurs châteaux et qu'il faut les réparer ou les détruire. C'est pourquoi il a convoqué les Etats.

Après l'exposition faite par le Recteur ou son lieutenant, les Etats étaient libres de se retirer où bon leur semblait, pour délibérer (1). Mais, l'exposition des affaires terminée, un membre de l'assemblée prenait ordinairement la parole au nom des Etats et rappelait qu'il était de coutume que les représentants du pays se retirassent hors de la présence du Recteur pour délibérer (2). C'était ordinairement au couvent des Frères-Prêcheurs, nous l'avons dit, qu'avait lieu la réunion (2). Là, après une discussion sommaire, l'assemblée désignait quelquefois, et surtout lorsqu'il s'agissait de se prononcer sur des affaires importantes, un certain nombre de ses membres chargés de les étudier, de les examiner, de faire leur rapport, de déposer leurs conclusions et de faciliter ainsi la décision de l'assemblée générale. C'est ainsi que les choses se passèrent dans les réunions

---

(1) Et tum dictus dominus Rector concessit quod dicti Tres Status possint et valeant se congregare ubi voluerint et tractare de et supernegotiis explicatis.

(2) Quibus expositis, fuit dictum quod est de consuetudine dictos Tres Status se reducere ad partem et tractare de negotiis (1406). Quibus explicatis fuit replicatum per dominum officialem Carpentoractensem nomine dictorum Trium Statuum quod de more est se trahere ad unam partem in alio loco et ibidem super expositas pertractare (1417).

(2) In domo fratrum Predicatorum, in magno tinello (1406). In domo fratrum Predicatorum in magno tinello (1409). — Et tunc prefatus dominus Rector concessit quod possint se congregare in domo Predicatorum vel alibi (1416).

de 1409 et dans un certain nombre de celles de la première moitié du XVe siècle. En 1409, à la suite de l'exposition faite par Rodrigue de Luna, les États, n'étant pas parvenus à s'entendre sur les solutions à intervenir, élisent ainsi un certain nombre de leurs membres : deux membres du clergé, le prieur de Mormoiron et Jean Mercorii, chanoine de Carpentras, représentant l'évêque ; deux membres de la noblesse, noble Astouaud d'Astouaud et noble Ricavus du Barroux ; six représentants de la judicature de Carpentras, quatre de celle de l'Isle, trois de celle de Valréas, formant une commission de dix-huit membres, où le clergé et la noblesse ne comprenaient que quatre représentants, tandis que le tiers État en comptait treize à lui seul. Ils reçoivent mission des États, d'examiner, d'étudier les questions qui leur sont soumises, de préparer les réponses à faire au Recteur, et de ne s'inspirer, dans leur examen, que de l'honneur et de l'utilité de la patrie : « *Et demum refferendi dictis tribus statibus ut ad honorem et utilitatem patriæ valeant respondere.* »

Lorsque ces commissaires avaient suffisamment examiné les questions, ils préparaient leurs rapports qui étaient lus en assemblée générale et qui devenaient l'objet des discussions et des décisions des États. D'autres fois, ce n'était point sur l'ensemble de leurs travaux, mais sur un point ou sur un autre, que les États appelaient l'attention spéciale de quelques-uns de leurs membres.

Le rôle des États ne se bornait pas seulement à s'assembler une ou plusieurs fois l'année. Ils avaient la mission et le privilège d'être mêlés à l'administration quotidienne du pays et de veiller, à côté du Recteur, et quelquefois en contradiction avec lui, à ses intérêts administratifs, judiciaires ou financiers.

Ils ne pouvaient évidemment exercer ce privilège d'une façon permanente. Ils élisaient donc pour les suppléer, en leur absence, un certain nombre de membres qui ne quittaient point Carpentras et qui, grâce à leur origine, s'appelaient les *Elus, Electi*, ou quelquefois, mais rarement, les *Conseillers, Consiliarii*. Les exemples de la nomination des *Elus* par les Etats sont nombreux, de 1400 à 1418. En 1400, nomination des élus pour le gouvernement économique du pays et leurs facultés. En 1402, des élus sont établis par l'assemblée pour redresser et réformer certains articles regardant le gouvernement économique et aussi pour veiller à la défense du pays en proie aux invasions de bandes armées venant de la Provence et du Dauphiné (1). En 1403, nomination des élus. En 1409, une commission des Etats propose la nomination des élus dans les termes suivants, qui indiquent très bien leurs attributions et leur mission : « *Super gubernatione patriæ, videtur eis ad evitandum expensas ne, pro qualibet causa insurgente, Tres Status convocari, quod eligentur certæ personæ ad gubernationem patriæ.* » « En ce qui concerne le gouvernement du pays, il leur semble que, pour éviter les dépenses de convocation des Etats pour tout événement survenant, il faut élire un certain nombre de membres

---

(1) Nous ne possédons malheureusement plus les délibérations de cette époque. Il n'existe pour y suppléer qu'un inventaire général des délibérations remontant à 1400, intitulé : Sommaire de toutes les délibérations et conclusions prises par les trois Etats de la province du Comté Venaissin depuis l'an 1410 jusqu'en 1700. C'est l'œuvre de Jean Floret, notaire et secrétaire des trois Etats. Il contient la substance de tout ce qui se trouvait aux archives de la province avant l'incendie de 1713. Il est resté manuscrit. Les archives de Vaucluse en possèdent deux exemplaires.

« chargés de pourvoir à ce gouvernement. » Et l'assemblée s'empresse de ratifier cette proposition :

« *Item fecerunt, constituerunt et ordinaverunt*
« *electos supra proxime descriptos, ad unum an-*
« *num duntaxat, quibus omnibus dederunt plenam*
« *et liberam potestatem providendi super negotiis*
« *patriæ occurrentibus prout eisdem ad utilitatem*
« *patriæ videbitur faciendum et gubernandum.* »

« De même, ils firent, constituèrent et ordonnè-
« rent les *élus* ci-dessus indiqués, pour un an seule-
« ment, auxquels ils donnèrent plein et libre pou-
« voir de pourvoir aux affaires de la patrie selon
« ce qui leur paraîtra utile à ses intérêts. »

Cette même année 1409, le recteur Rodrigue de Luna ayant convoqué, nous l'avons vu, les Etats au Pont de Sorgues, cette assemblée confirme purement et simplement les pouvoirs de ses *Elus* et elle les autorise même à s'adjoindre, en cas de nécessité, huit membres de la judicature de Carpentras et quatre de chacune des autres judicatures. Ils auront tout pouvoir pour gérer, avec le Recteur, les affaires du Pays, et pour le pourvoir de l'argent et des hommes nécessaires à sa défense.

Cette mission de confiance, accordée par l'assemblée à quelques-uns de ses membres, n'était point un blanc-seing absolu. Il pouvait arriver que, si les Elus outrepassaient leurs pouvoirs, ou ne veillaient pas à la chose publique, selon le vœu des Etats, ceux-ci leur infligeassent un blâme et même la honte d'une révocation. C'est ce qui eut lieu en 1410, dans des circonstances que nous ignorons. On lit, en effet, dans le sommaire, à cette date : « *Révocation des élus et députation pour l'admi-* « *nistration des affaires du pays.* » Le rôle des Elus était considérable, puisqu'ils remplaçaient les Etats eux-mêmes et puisque, dans certains cas, ils avaient l'entier gouvernement du pays. Ils avaient même parfois des prérogatives effaçant entièrement celles du Recteur. Ainsi nous avons vu qu'ils pouvaient demander à celui-ci, dans les circonstances graves, la convocation des Etats. Mais, dans ce cas, ce n'est plus le Recteur qui fait à l'assemblée l'exposé des affaires à traiter, c'est un des Elus choisi par ses collègues, qui, par le fait, se substitue, pour un moment, au représentant du pouvoir pontifical. Le nombre des *Elus* nommés annuellement n'était pas fixé. Il variait selon les époques et surtout selon les circonstances. Il était ordinairement de 6 à 8, choisis dans les Trois ordres, il fut parfois de 12 et même de 15 membres. Il semble résulter de certains documents qu'ils étaient payés sur les revenus de la Chambre Apostolique (1).

Chargés surtout par les États du *gouvernement économique* du pays, les élus ont donc comme tels, une importance considérable. Nous les voyons surveiller l'emploi des finances, passer des marchés pour l'approvisionnement du pays, traiter avec des hommes d'armes, pour sa défense, préparer l'assiette des tailles, délibérer enfin, conjointement avec le Recteur, sur les questions les plus graves, s'opposer parfois aux empiétements des Recteurs, veiller, avec un soin jaloux, à la conservation de ses privilèges et surtout à la stricte exécution des conventions et des statuts qui, dans l'ordre administratif, judiciaire ou financier, garantissaient les vieilles libertés que leurs prédécesseurs avaient conquises ou que les Souverains Pontifes leur avaient octroyées.

(1) 1401. — Diète des élus et autres officiers. — Ce qui indique que les élus comme les Recteurs étaient payés à tant par jour, car dans ce documents le mot *Diète* signifie la somme quotidienne affectée au traitement.

Non seulement les États avaient leurs mandataires et leurs délégués, mais ils avaient encore leurs officiers, leurs agents spéciaux, qu'ils choisissaient, la plupart du temps, à l'élection et parmi lesquels nous trouvons le Procureur Général des États, le Trésorier du Comtat, le Notaire et le Secrétaire, les courriers, etc.

Le Procureur Général était élu par les États eux-mêmes, et c'était d'eux qu'il recevait ses pouvoirs (1).

Il assistait aux séances et aussi à celles des élus et il était chargé d'assurer, jusqu'à un certain point, l'exécution de leurs décisions.

Le Trésorier du Comtat *Thesaurarius Comitatus Venaissini* dont le rôle est assez indiqué par le titre, existait, dès le milieu du XIV° siècle. En 1358, cette charge est exercée par un certain Audoin d'Acre, chanoine de Besançon, ainsi désigné : *Recepta per me Audoynum de Acra, Thesaurarium Comitatus Venaissini, canonicum Bisuntinensem.* Ce trésorier était nommé par les États, qui lui conféraient des pouvoirs indiqués dans la délibération suivante de l'an 1417 :

« Ils ont fait et constitué trésorier dudit géné-
« ral, Bertrand Gautier et Fouquet, son fils, et
« chacun d'eux ensemble pour réclamer et exiger
« la dite taille et les cotes d'icelle et tous les ar-
« rérages des tailles et vingtains et de leurs re-
« cettes, acquitter toute espèce de dettes et don-
« ner quittance des sommes reçues, payer les
« créanciers de l'État, dettes et intérêts avec inter-
« diction de consacrer lesdits revenus à d'autres

---

(1) Élection du Procureur Général des Trois-États. (1401) Pouvoir donné au dit procureur (1402). Élection du procureur (1408). Sommaire au mot *Procureur*.

« usages qu'à l'acquittement de ces dettes et des
« sommes dues à ceux qui auront travaillé pour
« le pays.

Les trésoriers, comme le procureur général, assistaient aux délibérations des États et aussi à celles des Élus. Leur comptabilité était assez étendue et assez compliquée. C'est à l'aide de leurs comptes, qui remontent à 1358, qu'on peut constater les charges énormes qui pesèrent sur ce pays pendant les événements du schisme et qu'on peut rencontrer une foule de détails aussi intéressants qu'inconnus qu'on chercherait vainement ailleurs.

Le trésorier général était tenu de rendre compte, chaque année, de sa gestion. A cet effet, les États nommaient des auditeurs des comptes, pris dans chacun des trois ordres *Auditores compulorum per Tres Status in consilio generali Trium Statuus specialiter deputati*, dont la mission était de vérifier la comptabilité du trésorier général et de lui en délivrer quittance (1).

Quant au notaire qui prenait généralement le titre de notaire du général du Comtat Venaissin : *notarius Generalis Comitatus Venaissini* ou notaire de la cour de la Rectorie : *notarius curiæ Rectorialus*, il remplissait ordinairement le rôle de secrétaire. C'est ainsi qu'en 1406, en 1409, en 1415, nous trouvons comme notaire et comme secrétaire, un certain Valentin Clément, qui assiste aux séances, qui rédige et qui transcrit les procès-verbaux.

Telle est, dans ses grandes lignes, l'organisation intérieure des États, au commencement du XV<sup>e</sup> siècle, organisation dans laquelle les représentants

---

(1) Ipsi viderunt, examinaverunt, calculaverunt, impugnaverunt, computa et rationes dicti Pauli de omnibus quæ recepit, solvit, et expendit de pecuniis et bonis dicti generalis.

du pays ont une influence propondérante que l'examen de leurs principales attributions politiques, financières et militaires fait encore mieux ressortir. En matière politique, l'une des principales et des plus grandes attributions du pouvoir fut de déclarer la guerre, de faire des levées d'hommes, d'entretenir des relations avec les princes et les seigneurs étrangers, soit par correspondance directe, soit par ambassades. Dans le Comtat-Venaissin, au XVe siècle, cette prérogative est partagée entre le Recteur et les Etats, ou plutôt ce sont les Etats assemblés qui, le plus souvent, décident eux-mêmes toutes ces questions, tantôt de leur propre initiative, tantôt sur la proposition du Recteur. Mais que la proposition vienne de l'un ou de l'autre, c'est à eux qu'appartient toujours le dernier mot. Ainsi, en 1400, des bandes armées menaçaient les frontières du pays. Il était nécessaire que tous les petits Etats de la région s'unissent pour les repousser. Nous voyons alors les Etats du Comtat, et non le Recteur seul, signer un traité d'alliance défensive avec le Valentinois, l'évêque de Die, la ville d'Avignon et la principauté d'Orange. Deux ans plus tard, un chef de bandes, un certain Guy de Monbel, seigneur d'Entremont, menace le pays. Les Etats forment une nouvelle ligue qui repousse les envahisseurs et qui lui impose une paix signée par les envoyés des Etats. En 1410, d'autres chefs d'aventuriers, les capitaines Salenove et Touchefelon, se sont alliés pour faire la guerre au Comtat et à la ville d'Avignon. Les Etats forment une ligue avec leurs voisins pour résister à leurs attaques. Dans les années qui suivirent, lors des luttes de Benoît XIII avec Boucicaut et de son neveu Rodrigue de Luna avec les Avignonais, nous voyons les Etats s'allier avec les partisans du Pape de Rome, de même qu'au milieu du XV° siècle, lors des tentatives des héritiers de Boucicaut contre Avignon et le Comtat, nous les retrouverons encore mêlés aux actes d'alliance et de défense du pays. Ces ligues, ces traités, ces alliances, étaient proposées, préparées, discutées et signées par des envoyés, par des ambassadeurs, « *ambaxatiores* », envoyés non point par le Recteur du Comtat, mais par les Etats eux-mêmes qui les choisissent, tantôt dans leur sein, tantôt parmi les personnages influents du pays. Les Etats en envoient et ils en reçoivent. Ils se tiennent ainsi en relation avec les plus grands princes, avec le Pape, le roi de France, les rois d'Aragon, les comtes de Savoie, les dauphins. Durant la période qui nous occupe, nous voyons les Etats envoyer, en 1403, une ambassade aux cardinaux séparés de Benoît XIII et à la ville d'Avignon, pour demander à cette ville de contribuer, avec eux, aux frais nécessaires au rétablissement de la paix, l'intérêt du Comtat et celui d'Avignon, étant communs en cette circonstance. Un peu plus tard, les Etats réclament de lui, par des ambassadeurs, les forces nécessaires pour la défense du Comtat et pour assurer la tranquillité publique. C'est aussi en 1403, que les Etats, pour contribuer à la paix de l'Eglise et concourir avec le roi et le collège des cardinaux à l'extinction du schisme, s'étaient retirés de l'obédience de Benoît XIII. Celui-ci n'hésita pas à leur envoyer des ambassadeurs qui furent reçus par les Etats avec toute la solennité possible. Ils étaient porteurs de lettres du Pape, leur demandant de revenir à lui, sous peine d'infidélité, ce qu'ils s'empressèrent de faire en lui adressant une solennelle ambassade pour l'assurer d'une soumission absolue et d'une fidélité entière.

En 1405, l'antipape Benoît XIII est à Marseille. Il se dispose à passer en Italie. Il envoie des ambassadeurs aux États qui viennent leur demander de contribuer, *de charitate*, aux frais faits et à faire par l'antipape allant à Rome pour l'union et la paix de l'Église. « Le Pape envoya aux dits États un ambassadeur, lequel exposa à l'assemblée que Sa Sainteté s'estoyt mise parmy les ennemis et que de Savone où elle estoyt, elle prétendoit d'aller encore plus loing exposer sa vie et ses biens pour l'union de l'Église, que, contant sur le cœur et la bonté des éleus des Trois Estats, elle espéroit qu'ils voudroient bien luy donner secours et de contribuer à la dépanse qu'il faudroit faire pour l'union de l'Église (1).

En 1408, nous voyons les États envoyer d'une part des ambassadeurs au Pape et de l'autre, au roi de France. Bérenger de Simiane, chevalier, seigneur de Châteauneuf, est envoyé, avec quelques autres, en ambassade à Marseille vers Benoît XIII venant de Nice (2), et il reçoit, pour cet objet, la somme de 45 florins, pour ses diètes.

D'autre part, l'assemblée décide d'envoyer une ambassade au roi de France pour lui remontrer les dommages que ses gens de guerre avaient faits au pays et pour le supplier de donner sa protection à la province.

Au milieu des graves évènements qui marquèrent cette même année 1408, nous trouvons encore les États négociant avec l'un et l'autre parti par des ambassadeurs, essayant, au milieu de querelles et des

---

(1) Répertoire des Délibérations au mot *Ambassade*.

(2) Berengarius de Simiana, miles, dominus Castrinovi confessus fuit habuisse a dicto Stephano, nomine dicti Pauli Bruni, quadraginta quinque florenos pro dietis suis quas ivit Massiliam in ambasia cum certis aliis de Comitatu ad dominum nostrum papam qui venit ibidem de civitate Niciæ.

dissensions, de sauvegarder les libertés et la paix de la province, se substituant, pour ainsi dire, à un pouvoir livré à l'anarchie, gouvernant en fait, le pays avec une autorité incontestée. Ils envoient des ambassadeurs en France pour assister à la grande assemblée qui devait s'y tenir pour chercher des moyens de conciliation entre Grégoire et Benoît et ils les envoient surtout « aux fins que si on délibé-
« rait quelque chose qui allât contre le bien du pays,
« on pût prendre les moyens nécessaires pour évi-
« ter le mal qu'il en pourrait souffrir ».

En 1411, les États délibérèrent d'envoyer des ambassadeurs à Sa Sainteté pour lui faire des représentations sur les troubles, les désordres et les dommages que le pays souffre, grâce à la division de l'Église. En 1412, en 1415 envoi de nouveaux ambassadeurs, et en 1417, les États du Comtat-Venaissin, sont représentés par des envoyés au concile de Constance, qui sauvegardent les intérêts de la province.

Les États n'avaient point seulement, comme nous venons de le voir, la plus grande part dans la vie politique du pays. C'était à eux qu'appartenait aussi, en grande partie, le soin de le défendre par des levées d'hommes et de subsides, par l'engagement et l'organisation de bandes armées et de petits corps de gens de guerre à la solde non du Recteur, mais des États eux-mêmes, dont les délégués les recrutaient et traitaient avec eux. Il résulte, en effet, d'une foule de documents qu'en matière de défense et de recrutement de troupes, les États ou les élus ont une part prépondérante, que ni le Recteur, ni ses agents n'entreprennent aucune dépense sans les consulter, qu'ils donnent leur avis sur toutes les questions de défense, qu'ils négocient avec les chefs de bande, que les traités ne se passent point sans leur assentiment,

En 1403, sur l'exposition qui leur est faite par l'évêque de Sisteron, député du Pape qu'il y a des gens de guerre dans l'archevêché de Vienne proche du Comtat, prétendant y entrer pour commettre toutes sortes de dégâts et qu'il serait bon de prendre ses précautions, les Etats votent le recrutement de cent cavaliers armés de lances pendant deux mois. Au mois d'octobre 1406, le vice-Recteur pour Antoine de Luna, obéissant à la demande de l'évêque de Maguelonne, convoque les États du Comtat, pour aviser aux moyens de repousser les bandes armées de Clensaye. « *de Clensayo* ». Les États s'assemblent, le Régent leur expose que les gens armés ravagent le pays. Il leur demande d'y pourvoir et d'élire quelques personnes avec lesquelles il pourrait traiter les affaires du pays, les États ne pouvant toujours être réunis (1). Les États répondent par un refus aux demandes du Régent. Les bandes armées s'étant retirées, il est, selon eux, inutile de lever des hommes à leur opposer. Le représentant du Recteur insiste. Il déclare qu'il n'entend nullement payer sur les fonds de la Chambre Apostolique les défenseurs réunis pour la défense du pays. Il déclare que, si quelque malheur arrive, il en décline toute responsabilité. Les États ne se laissent point convaincre et lui refusent les subsides demandés, nouvelle preuve de leur indépendance vis-à-vis des représentants du pouvoir.

De 1408 à 1417, nous les voyons, au contraire, sur les demandes du Recteur et quelquefois de leur propre initiative, lever des troupes et payer des subsides pour assurer la tranquillité du pays.

(1) Item plus dixit quod oporteret eligere aliquas personas cum quibus conferentiam haberet et loqui posset pro negotiis patriæ, occurrente quod Tres Status non possunt esse simul cotidie.

C'est ainsi qu'en 1403, ils délibèrent de lever cent cavaliers armés de lances, qui seront entretenus, pendant deux mois, aux dépens du pays, pour résister au sieur d'Entremont, et autant d'arbalétriers pour garder les places fortes. En 1411, lors du siège du palais d'Avignon et de la venue des troupes d'Aragon, envoyées par Martin V, au secours de l'antipape Benoît XIII, nous voyons les Etats se préoccuper de cette invasion, envoyer des représentants à Marseille, armer des gens de guerre aux embouchures du Rhône, contribuer même à la dépense de construction et d'entretien de vaisseaux à opposer sur les côtes de Provence à ceux de Benoît XIII et du roi d'Aragon.

En 1417, sur les instances du comte de Provence, leur annonçant que des gens armés s'avancent sur le Comtat, les Etats votent de nouvelles levées de 50 cavaliers armés de lances, de 100 hommes de pied, vu la pauvreté du pays qui ne leur permet pas de faire davantage.

Il résulte donc clairement de tous ces documents qu'en matière politique comme en matière de défense, le rôle des Etats était prépondérant

Il en était de même en matière financière. On sait que l'une des principales attributions des Etats-Généraux et des Etats provinciaux de France fut le vote des subsides qui, sans cette formalité, ne pouvaient être régulièrement perçus. Il en fut de même dans le Comtat-Venaissin, avec cette différence que les représentants de cette petite province jouissaient, dès les premières années du XV<sup>e</sup> siècle, d'attributions beaucoup plus étendues que les assemblées du royaume. Les principaux impôts dont il est question dans les délibérations des Etats sont la taille, *tallia*, le don gratuit, l'impôt sur le sel, divers impôts sur les terres, sous le nom de vingtain, de trentain et autres.

La taille était imposée sur les trois ordres, c'est-à-dire sur la totalité du pays, soit par le Recteur, soit par les Etats eux-mêmes; mais, dans le premier cas, le Recteur ne pouvait que désigner le montant de la taille, qui n'était perçue que sur un vote de l'assemblée. Les diverses tailles étaient imposées en monnaie du pays, c'est-à-dire en florins. C'est ainsi que nous trouvons, en 1401, l'imposition d'une taille de 8,000 florins, imposée sur les trois ordres ; elle est accompagnée d'un vote des Etats, portant que toute sorte de personnes, nulle exceptée, qui aura des biens fonds ou des rentes dans le Comtat sera obligée de payer la taille. De 1407 à 1417, nous trouvons ainsi établies des tailles qui varient de 1 600 à 1.700 florins et dont le montant s'élève à plus de 53.000 florins, somme énorme pour l'époque, qui était répartie aussi bien sur les barons et les vassaux que sur les communautés du Comtat.

Le don gratuit, présent fait aux princes par les Etats assemblés et qui n'était, en réalité, qu'un véritable impôt, se répartissait entre les divers ordres, de la même manière que la taille. Les Etats du Comtat font divers dons gratuits, tantôt aux cardinaux, tantôt à l'antipape. En 1401, c'est aux cardinaux, en 1405, les Etats font un don gratuit de 2.000 florins à Benoît XIII; en 1406, ils lui en font un autre de 3.000 florins. Ces tailles et ces dons gratuits étaient assis sur les trois ordres par des répartiteurs, *reparatores*, nommés par les Etats et auxquels ils donnaient pleins pouvoirs de diviser la somme sur le clergé, les barons, les vassaux des trois judicatures ainsi que sur les divers lieux ou feux de la manière qu'il leur semblait bon pour le bien de la patrie (1).

(1) Quibus reparatoribus dederunt plenariam potestatem, una cum domino presidente, repartandi cotas cleri, baronum

C'était par la cote, *cota*, *quota*, que s'opérait la répartition de la taille ou du don gratuit, et nous voyons, de 1401 à 1417, les Etats s'occuper de la cote et des répartiteurs pour asseoir sur le clergé les vassaux et les communautés les cotes des tailles votées. En 1417, les délibérations des Etats nous donnent même la manière dont ces cotes étaient assises. Les Etats élisent, chaque année, pour chaque judicature, un certain nombre de membres ou même de personnes étrangères, chargées de l'assiette de la cote, et qui devaient l'établir conformément à des usages consacrés et consignés dans certains documents.

Les deniers provenant des diverses tailles avaient leur destination spéciale. Il en est une qui est assez originale, c'est la dépense occasionnée par le paiement des diètes. On appelait ainsi l'indemnité ou le traitement accordé aux divers agents au service des Etats, et leur nom venait de ce qu'elles étaient soldées par jour. Nous trouvons, dans les délibérations, les formalités requises des intéressés pour se faire payer ces diètes. Ceux qui étaient employés à traiter les affaires étaient tenus de déclarer, avant de partir, au Recteur, au trésorier et au procureur des Etats ou à l'un des syndics de Carpentras, le genre d'affaire pour lequel il s'absentaient, et, au retour, ils étaient de même tenus de faire un rapport sur leur négociation. On inscrivait alors leurs jours d'absence, faute de quoi, ils étaient privés de leurs diètes.

Quant aux impôts connus sous les noms de vingtains et de trentains et dont le nom même in-

et vassalorum et trium judicatorum et singulorum et focorum prout eisdem ad utilitatem totius patriæ videbitur faciendum, coequandum et taxandum. (Archiv. de Vaucluse. Déliberat. de 1406.)

dique la nature, ils étaient également répartis sur les trois ordres, qui devaient contribuer pour la vingtième, pour la trentième partie non seulement des fruits de la terre, mais aussi des revenus provenant des marchandises, des bestiaux, des effets mobiliers.

Tels étaient, au moment où s'ouvre la période des guerres du schisme, l'étendue, l'état intérieur et l'organisation générale des possessions du Saint-Siège en France. La ville d'Avignon, comme le Comtat-Venaissin possédaient, on le voit, d'assez grandes libertés municipales et provinciales, qui, au milieu des événements et des phases critiques qu'ils vont traverser, en présence de la désorganisation et de l'état d'anarchie où va être jetée l'Eglise, vont leur permettre de faire face à l'orage, grâce à leur activité et à leur dévouement à la patrie.

L. D.

# PIÈCES JUSTIFICATIVES

# PIÈCES JUSTIFICATIVES

## I

*Bulle de Grégoire XI autorisant, une fois l'année, la réunion des Trois-États du Comtat-Venaissin.*

(6 septembre 1376.)

Gregorius episcopus, servus servorum Dei. Dilectis filiis nobilibus et plebeis Comitatus nostri Venaissini salutem et apostolicam benedictionem. Ad ea ex apostolicæ servitutis nobis minime desuper officio libenter intendimus, per quae nostrorum et ecclesiæ romanæ subditorum et devotorum status pacifice procuretur. Sane petitio, pro parte vestra, nobis nuper exhibita, continebat quod in Comitatu nostro Venaissini, in quo duntaxat tres ordinariæ judicaturæ existunt, hactenus multa evenerunt negotia, ac dubitatur verisimiliter quod, dum a partibus istis absentes erimus, quam plurima evenient in futurum. Quare nobis humiliter supplicastis ut quod decem homines de qualibet judicatura, semel in anno, tempore opportuno, præsente rectore dicti Comitatus, pro tempore existente, vel alio ab eo deputando, valeant in civitate nostra Carpentoractensi invicem convenire, consulere et ordinare super his quæ videbuntur necessaria civibus et incolis prædicti Comitatus, concedere, de benignitate apostolica, dignaremur. Nos itaque hujusmodi supplicationibus inclinati ut hujusmodi decem homines, de quolibet judicatura, semel in anno, seu aliàs, tempore opportuno, præsente dicto Rectore vel ab eo deputando, possint, ut prefertur, in dicta civitate Carpentoractensi, invicem convenire ac consulere et ordinare super hiis quæ videbuntur necessaria civibus et incolis supradictis et modo quolibet opportuno, absque tamen nostro et ecclesiæ Romanæ ac predicti Comitatus prejudicio, vobis, auctoritate apostolica, tenore presentium, concedimus, de gratia speciali, præsentibus post triennium minime valituris. Nulli ergo omnino hominum liceat hanc paginam nostræ concessionis infringere vel ei avsu temerario contraire. Si quis autem hoc attemptare presumpserit, indignationem Omnipotentis Dei et Beatorum Petri et Pauli Apostolorum ejus se noverit incursurum.

Datum Avinione, VIII Idus Septembris, pontificatus nostri anno sexto.

(Origine : Fornery, *Histoire du Comtat-Venaissin, Histoire Ecclésiastique*, tom. II, pag. 750. Mss. Bibl. de Carpentras.)

## II

*Élection des syndics d'Avignon par le Conseil de Ville.*

(23 juin 1408.)

In nomine Domini. Amen.

Anno a Nativitate ejusdem millesimo quatercentesimo octavo, indictione prima, et die vero vicesima tertia mensis Junii, Pontificatus sanctissimi in Christo Patris et Domini nostri Domini Benedicti, divina providentia papæ tertiidecimi, anno decimo quinto. Noverint universi et singuli presentes pariter et futuri hujus instrumenti publici seriem inspecturi quod venerabile consilium universitatis Avinionensis predictæ fuit, ad vocem preconis et ad sonum campanæ, ut moris est, in hospitio habitationis domini vicarii civitatis predictæ solempniter, congregatum de mandato nobilis viri Jacobi de Virlis, domicelli, vicarii civitatis predictæ ad instantiam nonnullorum de dicto consilio, consiliantes et consilium facientes et tenentes, in presentia dicti domini vicarii omnes simul unanimiter et concorditer, ipsorum nemine discrepante, fecerunt, constituerunt, creaverunt et solemniter ordinaverunt sindicos, procuratores, actores, factores, deffensores et negotiorum gestores dictæ universitatis speciales et generales et ad quod melius esse possunt, ita tamen quod generalitas specialitati non deroget, nec e contra ab hodie in unum annum proxime futurum, videlicet nobilem virum Ludovicum Cabassole et discretum ac sapientem virum Hugonem de Sadone, burgensem Avinionensem presentes, ita quod non sit melior conditio primitus occupantis, sed id quod per ipsos et ipsorum quemlibet inceptum fuerit, alter eorum mediari prosequi valeat et finiri et ipsorum sindicorum accessorem et procuratorem venerabilem et circumspectum virum dominum Raynaudum de Perusio, legum doctorem, ad et per tempus predictum ad regendum, manutenendum et gubernandum bona et jura quecumque dictæ universitatis et circa hujusmodi regimen et pro eo omnia et singula faciendum quæ de more et consuetudine ipsorum consilii et universitatis sindicis qui hacthenus fuerunt et ipsis nunc constitutis competierunt et competebant ac competunt, petendique, exigendi et recuperandi omnia universa et singula debita bona, res et jura dicto consilio seu dictæ universitati competentia, competituras et competitura nunc et in posterum quandocumque et quocumque pretextu a quocumque debitore seu debente eorumdem. Item et ad agendum pro dictis dominis consiliariis et ipso consilio seu dicta universitate dictæ civitatis et deffendendum ipsum consilium et universitatem dictæ civitatis in omnibus et singulis causis, questionibus et controversiis, querelis, petitionibus et demandis motis et movendis per vel contra dictum consilium seu dictam universitatem per vel dignitatis cujuscumque civitatis seu loci collegium, universitatem seu capitulum quacunque causa seu ratione, ubicunque et in quocumque foro, loco et curia ecclesiastica vel seculari et coram quocumque judice ecclesiastico et seculari delegato vel subdelegato, commissario et rectore quocumque, quamcumque jurisdictionem exercente. Dantes et concedentes dicti domini consiliarii et ipsum consilium prenominatis sindicis procuratoribus, actoribus, factoribus et negotiorum gestoribus et deffensoribus et eorum cuilibet in solidum, ut supra, plenam et liberam potestatem et speciale ac generale mandatum tam in agendo, gubernando et deffendendo quam in petendo in predictis omnibus et singulis et etiam infrascriptis et circa ea, in quocumque judicio standi, comparendi, protestandi, supplicandi, requirendi et allegandi libellum er libellos et simplices petitiones dandi, petendi et recipiendi litem seu lites, contestandi de calumpnia et veritate dicenda in animam dictorum dominorum consiliariorum et nomine dictæ universitatis in omni et qualibet forma jurisjurandi et qualibet juramentum prestandi et deffendendi, ponendi, articulandi, positionibus et articulis, etc.

(Origin. Archiv. Municip. d'Avignon. Boîte 7, NNN.)

## III

*Confirmation des nouveaux Statuts de la ville d'Avignon par François de Conzié, archevêque de Narbonne et vicaire général du Pape, à Avignon et dans le Comtat-Venaissin.*

(18 juin 1411.)

Franciscus, miseratione divina, archiepiscopus Narbonensis, Papae Camerarius et pro eodem in civitate Avinionensi et Comitatu Venayssini, ad Romanam ecclesiam nullo medio pertinentibus, in spiritualibus et temporalibus vicarius generalis, universis et singulis incolis et habitatoribus utriusque sexus ejusdem civitatis Avinionensis presentibus et futuris, salutem in Domino.

Ad ea quæ pro vestro et ipsius civitatis bono regimine facta sunt, libenter intendimus et, ut firma maneant, auctoritatis nostræ prebemus assensum. Hodie siquidem, dilecti nostri providi viri nobilis Cathalanus de Rocha et Guillelmus Durini, burgensis, sindici ejusdem civitatis, ac dominus Anthonius Virronis, legum doctor, eorumdem sindicorum assessor, in nostra presentia personaliter constituti, quemdam vestro nomine papiri quaternum, scriptum certa statuta seu capitula quæ de et super vestro et ipsius civitatis bono regimine et felici statu facta et edicta fuisse asserebant in se continentem inferius de verbo ad verbum annotatum, nobis obtulerunt et humiliter supplicarunt ut statuta seu capitula hujusmodi et omnia alia in eodem quaterno contenta rata et grata habere, laudare, approbare perpetuo et confirmare, auctoritate apostolica dignaremur.

Nos vero Franciscus, archiepiscopus, camerarius et vicarius memoratus, recepto predicto papiri quaterno, visisque per nos statutis seu capitulis ac omnibus aliis in eodem quaterno contentis, habitaque super eis deliberatione matura, die inferius annotata, ex nostra certa scientia, illa, auctoritate apostolica predicta, confirmavimus, approbavimus et approbata esse voluimus, tenoreque presentium confirmamus, approbamus et approbata esse volumus si et in quantum contenta in eisdem non prejudicent juridictioni, dominio, fidelitati et honori Domini nostri Papæ et successorum suorum necnon etiam Romanæ Ecclesiæ Sacrosanctæ.

Tenor vero quaterni papirei supradicti statuta seu capitula predicta continentis sequitur de verbo ad verbum prout ecce :

Reverendissime Pater, cum civitas seu universitas civitatis Avinionensis Domini nostri Papæ, mandato domini viguerii dictæ civitatis ad invicem congregata et singulares personæ ejusdem communitatis seu universitatis capita hospitiorum in civitate eadem facientes, facto et celebrato super hoc primitus honorabili et generali consilio per tresdecim capita ipsam communitatem seu universitatem, ut infra subjicietur, diviserint et deinde duos probos viros quodlibet caput elegerit, qui probi viri una cum sindicis et assessore et aliis probis dictæ civitatis in consiliariis concilii dictæ civitatis, post ipsam electionem recepti et admissi extiterint, ad interessendum et consulendum super negotiis ejusdem civitatis in singulis consiliis. Et successive ipsi probi viri sic electi, recepti et admissi pro bono statu dictæ civitatis et regimine ejusdem, certa capitula perpetuo valitura et duratura infra inserta, rempublicam et bonum statum civitatis concernentia, fecerint seu formaverint, quæ capitula in consilio ipso dictæ civitatis adhoc, in loco solito congregato, in quo intererant ipsi sindici cum eorum assessore et alii consiliarii, presente domino viguerio seu ejus locumtenente, perlecta de verbo ad verbum et publicata fuerint, et deinde, per ipsum consilium, tanquam bona et utilia Reipublicæ predictæ laudata et approbata. Pro tanto, supplicant vestræ Reverendissimæ Paternitatis sindici et consiliarii predicti quatenus ipsa capitula et contenta in eis laudare et approbare ac perpetuo confirmare dignemini et cum insertione ipsorum capitulorum de hujusmodi confirmatione, ad perpetuam rei memoriam, eis vestras concedere litteras oportunas.

Divisiones factæ de capitibus communitatis seu universitatis Avinionensis de quibus supra fit mentio sequuntur et sunt tales :

Primo : Simul convenerunt omnes nobiles homines et burgenses qui non faciunt mercantias qui elegerunt in consiliarios consilii dictæ civitatis Johannem Ratonchini, juniorem, et Berengarium de Comis ;

Secundo : Doctores, licentiati et alii clerici ac notarii criminales et civiles et alii notarii civitatis predictæ qui elegerunt in consiliarios consilii dictæ civitatis magistros Petrum Vernerii, jurisperitum, et Johannem Chieza, notarium publicum ;

Tertio : Campsores, monetarii, argenterii et poterii stagni, qui elegerunt in consiliarios Monetum Raymundi, campsorem, et Johannem Nicolay, argenterium ;

Quarto : Draperii, caussaterii, bayssiatores, sartores et omnes alii utentes tali arte lanarum qui elegerunt in consiliarios Georgium Folleti, draperium, et Stephanum Filioli, sartorem.

Quinto : Mercerii, telaterii, canabasserii, tinctores, corderii et textores, qui elegerunt in consiliarios Anthonium de Narducho et Petrum de Borc, mercatores.

Sexto : Speciatores, medici, mercatores in grosso et barbitonsores, qui elegerunt in consiliarios Andream de Thiere, speciatorem, et Jacominum Pansa, sirurgicum.

Septimo : Ferraterii, armadurerii, fabri, marescalli, sarralherii, speronerii, cutellerii et omnes alii qui operantur ferro qui elegerunt, in consiliarios Oliverium Fanalis ferraterium et Guillelmum Peyronelli, peyrolerium.

Octavo : Pelliparii, blanquerii, sellerii et vitrearii, qui elegerunt in consiliarios Guillelmum Cuberie, pelliparium, et Johannem Bonefoy, sellerium.

Nono : Sabbaterii, courearii et mercatores coriorum, qui elegerunt in consiliarios Robertum de Chamenay, coureatorem et Philibertum Tardini, sabbaterium.

Decimo : Macellarii, fromagerii, peysonerii, candelerii et pollacerii, qui elegerunt in consiliarios Petrum Garnerii, macellarium, et Petrum Cabrolis, fromagerium.

Undecimo : Latomii seu peyrerii, fusterii et gipperii, qui elegerunt in consiliarios Johannem de Turre et Johannem Fonville.

Duodecimo : Hostalerii, tabernarii, mercatores equorum et corraterii, qui elegerunt in consiliarios Johannem de Sancto Georgio et Bartholomeum de Gazonibus, mercatorem vinorum.

Tertiodecimo : Furnerii, pastisserii, civaderii, bladerii, ortolani et laboratores, qui elegerunt in consiliarios Colinum Lambelleti, furnerium et Guillelmum Alevi, ortolanum.

Et congregatis istis supradictis tresdecim capitibus ad honorem et fidelitatem prefati domini nostri papæ sanctæque Romanæ ecclesiæ, pro bono statu dictæ civitatis et habitantium in eadem super regimine dictæ civitatis capitula sequentia formaverunt :

I. — Primo videlicet quod capita ipsa possint et valeant eligere quodlibet caput per se, scilicet duos consiliarios qui erunt vigintisex numero qui in dicto consilio morabuntur per annum et quod, durante eorum termino, quod ipsi sint et esse debeant unacum infrascriptis consiliariis consilii presentis civitatis et, finito eorum termino, videlicet infra octo dies post festum Sancti Johannis Baptistæ, dominus viguerius mandet intimari supradictis quod ipsi eligant alios vigintisex novos consiliarios, pro tempore venturo, de sufficientioribus et sapientioribus ac ydoneyoribus dictorum capitum et quod intimatio et electio sic fiat, ut predictum est, et quilibet electus acceptet ipsam electionem et non recuset, sub pena librarum viginti quinque applicandarum medietas fisco curiæ temporalis Avinionensis et alia medietas utilitati communi Et supra et infrascripta perpetuo serventur ab inde in antea, in dicta civitate, tempore pacis et guerræ.

II. — Item cum hactenus consueverunt in dicta presenti civitate esse duo sindici duntaxat quod, ex nunc in antea et tempore primæ electionis fiendæ debeant eligi et eligantur ac sint tres sindici qui similem habeant potestatem quam duo habere consueverunt cum aliis infradicendis.

III. — Item quod ipsi tres sindici unacum eorum assessore, ultra eorum salarium, per dictam civitatem dari consuetum, induantur, singulis annis, unica veste eis honorabili et decenti, usque ad summam quinquaginta florenorum pro quolibet.

IV. — Item quod pro complemento dicti consilii, ad nominationem sindicorum et dictorum viginti sex electorum, dominus viguerius qui erit pro tempore, una cum consilio toto, eligat quatuordecim probos et notabiles alios conciliarios, tam ex clericis quam ex nobilibus burgensibus seu mercatoribus dictæ civitatis, qui absque personarum distinctione cum dictis sindicis, assessore et vigentisex electis in omnibus consiliis dictæ civitatis intererunt, et erit numerus consiliorum, inclusis sindicis qui erunt tres numero, ut supradictum est, assessore et dictis vigintisex quadragintaquatuor.

V. — Item quod supradicti electi consiliarii jurent in manibus domini viguerii, super sancta Dei evangelia, fidele dare consilium et tenere secretum et alias exercere eorum officium bene et fideliter ad honorem et fidelitatem dicti domini nostri Papæ et civitatis predictæ,

VI. — Item quod supradicti consiliarii debeant recipi et sint acceptati in consilio dictæ civitatis cum dominis viguerio, sindicis et assessore, omni vice et vicibus quo vel quibus erit necesse seu expediens pro negotiis dictæ civitatis ipsum consilium congregare, et quod ipsi sindici et assessor non possint nec audeant aliquid ponderis deliberare seu ordinare de negotiis dictæ civitatis, nisi ipsis consiliariis vocatis et consentientibus aut majori parte eorum vocata et consentiente et quod consilium presentis civitatis a cetero debeat regere et gubernare per dictos sindicos, assessorem vigintisex electos et alios quatuordecim superius mominatos conventione dictae civitatis qua cavetur quod vicarius debet eligere consiliarios et consuetudine seu observantia in contrarium hactenus observatis non obstantibus.

VII. — Item quod concluso in uno aut pluribus negociis dictæ civitatis per dictum consilium et conclusione ipsa scripta in libro dicti consilii, ut est moris, ipsa conclusio exequatur nec in eadem per sindicos aut alios particulares dicti consilii seu illos de guerra, aliquid immutetur nisi hoc fieret cum deliberatione totius consilii aut majoris partis ; et si contrarium fieret per aliquos particulares, sindicos aut illos de guerra et propter hoc, ipsa civitas dampnum aliquod seu interesse pateretur, ipsi contrafacientes ad dampna et interesse teneantur.

VIII. — Item quod quilibet supradictorum consiliariorum debeat et teneatur venire et esse in dicto consilio, omni vice et vicibus qua vice vel quibus vicibus expedierit pro negotiis dictæ civitatis congregare consilium, et hoc, sub pena consueta quinque solidorum, nisi justo impedimento esset occupatus.

IX. — Item quod supradicti consiliarii cum sindicis, presente tamen domino viguerio seu ejus locumtenente, aut altero ex judicibus curiæ temporalis dictæ civitatis, possint et habeant potestatem eligendi, quolibet anno, in Vigilia Nativitatis Beati Johannis Baptistæ, tres sindicos et unum assessorem, ex notabilioribus et sapientioribus totius consilii, non distinguendo inter nobiles, burgenses aut alios, sed qui utiliores videbuntur Reipublicæ, non obstante quacumque consuetudine, hactenus in contrarium forsan observata, et magistros carreriarum et alios officiarios, quolibet anno, in dicto termino eligi solitos creandi et capitaneos, si sit opus, cum consensu et beneplacito dicti domini nostri Papæ vel ejus Legati seu vicarii in his partibus ab eodem deputati, creandi.

X. — Item ipsi sindici cum dicto consilio etiam habeant potestatem eligendi et ponendi thesaurarium et rectores seu gubernatores guerræ quæ est pro nunc in futurum et etiam, tempore pacis, thesaurarios seu receptores, contrarolatores, generaliter et particulariter quorumcumque proventuum seu emolumentorum ejusdem civitatis et eos mutare, deponere et novos creare seu ponere pro libito voluntatis et pro summis quas mutuo recipient ad opus, necessitatem et utilitatem dictæ civitatis possint obligare et ypothecare omnia emolumenta et proventus civitatis predictæ generaliter seu particulariter, prout eis melius videbitur, ad utilitatem dictæ civitatis faciendum.

XI. — Item quod, omni anno, videlicet in vigilia Beati Johannis Baptistæ, mutentur consiliarii predicti, dum consilium convenerit super electione sindicorum per modum et formam infrascriptos, videlicet : quod medietas, dictorum consiliariorum qui erunt viginti, mutentur ; et alia medietas in dicto consilio, cum aliis viginti eligendis de novo, scilicet tresdecim ex capitibus ministeriorum et septem ex notabilioribus et ydoneyoribus dictæ civitatis, per alium annum sequentem remaneant, cum antiqui consiliarii magis scire debeant de negotiis et factis dictæ civitatis quam novi. Et, alio anno sequenti, illi qui remanserint mutentur et de aliis ultimo electis totidem eligantur qui cum aliis noviter eligendis, ut predictum est, remaneant ; et sit numerus dictorum consiliariorum, inclusis sindicis et assessore, quadraginta quatuor. Et in modum predictum abinde inantea, singulis annis, ordo dicti consilii servetur. Et ulterius ipsi consiliarii qui exibunt, fuerunt et sunt obligati.

XII. — Item quod supradictun consilium, cum sindicis et assessore, cum licentia et voluntate ac consensu domini viguerii qui erit pro tempore, possint et habeant potestatem eligendi et creandi commissarium et commissarios ad faciendum solvi omnibus illis quibus prestum esset indictum, qui commissarius possit facere vendi indictum seu impositum, sive bona ipsa sint mobilia vel immobilia.

XIII. — Item quod ipsum consilium, cum sindicis et assessore, possint eligere auditores computorum et rationum, a sindicis qui sunt de presenti et aliis administratoribus et receptoribus pecuniarum dictæ civitatis et ab omnibus et singulis sindicis et aliis administratoribus qui hactenus in dicta civitate fuerint facti seu electi et ab aliis qui in futurum eligentur et ab omnibus et singulis thesaurariis, collectoribus seu levatoribus quorumcumque proventuum dictæ civitatis presentium et futurorum, per consilium dictæ civitatis super subventionibus et reparationibus itinerum et aliorum negotiorum dictæ civitatis seu territorii ejusdem et quod ab inde inantea, alii qui erunt electi ad recipiendum pecunias quorumcumque emolumentorum seu proventuum dictæ civitatis, debeant et teneantur de tribus mensibus in tres menses, reddere bonum et legale computum et rationem de administratis taliter quod appareant eorum computa clara et reliqua prestare.

XIV. — Item quod ipsis computis datis, redditis et examinatis, auditores ipsi dictorum computorum relationem in dicto consilio facere debeant particulariter et distincte de omnibus et singulis receptis et expensis.

XV. — Item quod ipsa relatione plenarie facta per dictos auditores computorum in dicto consilio et admissa per eumdem tales thesaurarii receptores aut levatores soluta resta, si quæ dictæ communitati debeatur et non alias quittentur per dictum consilium, in forma debita de gestis et administratis per eosdem.

XVI. — Item quod ipsi auditores computorum in dicto consilio, antequam ad dictum officium admittantur, jurabunt super sancta Dei Evangelia, computa ipsa eis audiendo commissa seu committenda bene, fideliter et diligenter audire, palpare et examinare ac impugnare et dubia, si quæ sint, colligere et ipsis dubiis, si quæ sint, collectis, si talia sint quæ ea per se non possint clarificari et determinari, ipsa dubia in consilio ponere et referre et, ipsis dubiis per consilium determinatis, veram relationem et conclusionem dictorum computorum super receptis et expensis referre in dicto consilio ut omnia gesta et administrata per tales redditores computorum toti consilio nota fiant et debitum finem recipiant.

XVII. — Item quod eligantur, dum et quando videbitur consilio fiendum, super ipsis receptoribus et administratoribus pecuniarum communitatis dictæ civitatis, contrarolatores, qui curam habeant circa receptas et expensas et eas particulariter vel generaliter consilio referant totiens quotiens dicto consilio videbitur faciendum, qui simile prestent juramentum.

XVIII. — Item quod sindici qui erunt pro tempore habeant unum librum papireum artificialiter ligatum in quo a tempore quo guerra incepit citra omnes receptæ talhiarum, prestorum, gabellarum, intratarum et aliorum quorumcumque proventuum seu emolumentorum dictæ communitatis seu universitats predictæ et etiam expensæ factæ per dictam civitatem, occasione guerræ seu alias quomodocumque, computaque quorumcumque receptorum seu administratorum pecuniarum dictæ communitatis et conclusiones ipsorum computorum particulariter et distincte describantur, et in eodem libro etiam scribantur omnes et singulæ peccuniæ particulariter a quibuscumque personis per sindicos seu consilium aut illos de guerra recepta per viam cambii aut alias, tabernaculaque et jocalia ab ecclesiis recepta, occasione dictæ guerræ et ipsorum valores et etiam omnes et singulæ solutiones factæ vel fiendæ de dictis debitis, ut dictum consilium scire valeat quantum debet dicta communitas et quibus personis tenetur et etiam ponatur in pede cujuslibet debitorum predictorum, nomen notarii qui contractum hujusmodi debiti recepit et annus et dies dictæ receptionis et etiam quittationis dum eam fieri contigerit, debitorum predictorum. Et sic, quolibet anno, ipsi sindici abinde in antea dictum librum teneantur habere et tenere et in modum premissum predicta facere et observare.

XIX. — Item quod ipsi sindici etiam unum alium librum papireum artificialiter ligatum, in quo omnes et singulæ marchæ et querelæ factæ seu faciendæ, per quascumque personas contra eamdem civitatem et nomina querelantium describantur particulariter, et in pede cujuslibet querelæ, conclusio facta vel fienda per notarium consilii describantur, adeo ut ipso querelæ appareant et earum conclusiones facilius per sindicos et consilium sciantur cum hactenus plures querelantes fuerint contra civitatem predictam cum quibus fuit conclusum et hujusmodi conclusiones non reperiuntur nec scientur de pluribus quis fuit notarius qui illas scripsit, propter quod dicta civitas damnum passa fuit.

XX. — Item quod ipsi sindici seu aliqui alii particulares consilii vel de guerra cum talibus querelantibus non concludant aliquid in dando talibus pecunias seu alias nisi primitus super hoc fuerit consilium consultatum et conclusum.

XXI. — Item quod tales libri penes sindicos remaneant quandiu eorum officium durabit, et, in fine eorum officii, sindici dictos libros suis successoribus sindicis novis tradere et assignare teneantur per inventarium.

XXII. — Item quod abinde inantea, thesaurarius seu receptor generalis pecuniarum dictæ communitatis qui in dicto officio eligetur, pro illo anno, non sit de consilio dictæ civitatis qui, singulis annis, mutetur et teneatur reddere computum et quod per biennium non revertatur ad dictum officium.

XXIII. — Item quod sindici nec assessor aut illi de guerra particulariter, nomine dictæ civitatis et consilii, sub sigillo dicti consilii seu alias, sine evocatione et consensu dicti consilii, domino nostro papæ, nec domino camerario aut legato seu vicario dicti domini nostri papæ, per modum supplicationis aut alias, non scribant pro aliquo seu aliquibus particularibus personis pro officiis dicti consilii habendis ab ipsis domino papa, camerario, legato seu vicario. Quod si contrarium fecerint, incurrant penam centum marcharum argenti per quemlibet dictorum sindicorum seu consiliariorum aut illos de guerra, pro vice qualibet, cujus penæ medietas fisco curiæ temporalis dictæ civitatis et alia medietas utilitati communi applicetur.

XXIV. — Item quod sindici et assessor seu alii particulares consiliarii nec illi de guerra pro aliquo, ex viguerio seu judicibus, super confirmationem eorum officiorum obtinenda a dictis domino nostro papa, camerario, legato seu vicario, nullo modo scribant nec consensum aliqualiter, directe nec indirecte prebeant seu hujusmodi confirmationem per se vel per alium fieri procurent, et hoc sub pena centum marcharum argenti per quemlibet dictorum consiliariorum, pro vice qualibet, casu quo contra premissa facerent seu venirent committenda, applicanda, videlicet tertia pars domino nostro papæ et alia tertia pars dictæ communitati et reliqua tertia pars cuilibet de populo volenti experiri ad illam exequendam.

XXV. — Item quod dicti sindici, de consilio et assensu domini viguerii et aliorum quorum supra, debeant facere seu deputare et ordinare unum vel plures probos viros qui habeant onus et regimen faciendi et ponendi cathenas ferreas in singulis cantonibus dictæ civitatis, manutenendique et conservandi eas pro tuitione et conservatione dictæ civitatis et habitatorum ejusdem.

XXVI. — Item quod quando continget per dictum consilium aliquam ambaxiatam facere domino nostro Papæ vel legato seu vicario ipsius aut alicui alterius, quod ambaxiatores deputandi simul et non separatim bene et fideliter juxta instructiones eis dandas per dictum consilium, eorum ambaxiatam faciant et metas ipsorum instructionum et ambaxiatæ non excedant, nec sub umbra eorum ambaxiatæ petant eis aut alicui alterius de genere suo vel amico dari seu conferri aliquod officium seu beneficium seu gratiam, per quod eorum ambaxiata retardetur, nisi hoc dictæ instructiones haberent aut alias per dictum consilium hoc fieri esset concessum, sub pena omnium expensarum et aliorum dampnorum quorumcunque, quæ propter hoc dictæ communitati pateretur seu sustineret et privationis consilii.

XXVII. — Item quod ipsæ instructiones dentur in consilio et legantur ibidemque claudantur et ipsis clausis et sigillatis dictis ambaxiatoribus tradantur ; qui ambaxiatores juxta ipsas instructiones suam ambaxiatam faciant nichil addito nichilque remoto per quod ambaxiatæ substantia, in aliquo immutetur.

XXVIII. — Item quod omnes et quicunque qui per legitimas informationes et probationes possent reperiri a die finalis mensis Aprilis anni a Nativitate domini millesimi quadringentesimi decimi proxime lapsi, qua die fuit per dictam civitatem facta substractio obedientiæ Petro de Luna et guerra per illos de Palatio dictæ civitatis, qui ipsum Palatium pro parte dicti Petri de Luna detinent hostiliter occupatum incepta forsan dedissent aut prebuissent scienter et malitiose in odium prefati domini nostri papæ Johannis XXIII et sanctæ Romanæ ecclesiæ ac predictæ civitatis Avinionensis et Comitatus Venaissini, auxilium, subsidium, consilium seu juvamen illis de dicto palatio seu alicui eorum aut eorum magistro Petro de Luna, vel suis fautoribus vel coadjutoribus aut ei vel eis adhesissent verbo, ope vel facto, perpetuo sint a dicto consilio privati nec tales ad dictum consilium aliqualiter in futurum admittantur, quinymo a dicta civitate cum eorum familia perpetuo exulentur et alias, ut juris fuerit, puniantur.

XXIX. Item quod viguerius et judices teneantur et debeant, in fine eorum et cujuslibet ipsorum officii, facere suum sindicatum in dicta civitate et coram suis successoribus judicibus facere rationem et stare juri et rationi omnibus et singulis conquerentibus de eisdem per quinquaginta dies, voce tubæ vocatis sindicis et assessore, pro tempore, existentibus.

XXX. — Item quod predicta omnia universa et singula per dictum viguerium seu regentem officium vigueriæ et totum consilium ejusdem civitatis per dominum nostrum Papam et ejus vicarium generalem perpetuo confirmentur.

XXXI. — Item quod abinde inantea viguerius et judices curiæ temporalis Avinionensis non debeant eligi neque admitti cives, incolæ, habitatores aut alias domiciliati

Avinione ymo sint extranei et non cives, qui vicarius et judices per annum solum et duntaxat in dictis officiis morentur et, finito dicto anno, ad ipsum officium de triennio non revertantur.

Et salvis premissis, protestantur ipsi sindici et consilium quod non intendunt statutis, conventionibus, libertatibus et franquesiis dictæ civitatis in aliquo derogare. In quorum fidem, robur et testimonium, nos Franciscus, archiepiscopus, Camerarius et Vicarius memoratus presentes litteras per Johannem Ludovici, Grationopolitanus, auctoritatibus apostolica et imperiali publicum notarium, secretarium nostrum fieri, subscribi et signari mandavimus ac sigilli nostri Cameriatus officii munimine roborari.

Datum et actum apud Villanovam, Avenionensis diocesis, in camera paramenti hospitii domini Cardinalis Saluciarum, presentibus dilectis nostris dominis Petro Cotini, decano ecclesiæ Sancti Petri Avinionensis, decretorum doctore, Nicolao Morelli, canonico Lingonensi, nobilibus Bertrando de Castillione, castellano Pontissorgiæ, Urbano Daniso, diocesis Augustinensis, et Johanne Neyreti de Lugduno, testibus ad premissa vocatis et specialiter rogatis, sub anno a Nativitate Domini millesimo quadringentesimo undecimo et die decimaoctava mensis junii, Pontificatus vero domini nostri domini Johannis papæ XXIII, anno secundo.

Au dessous se trouvent les armes peintes de

1° Jean XXIII

2° De François de Conzié : d'azur à la bande d'or chargée d'un lion issant de gueules, à droite ;

3° De la ville d'Avignon : de gueules à trois clefs d'or, à gauche.

Scellé d'un sceau en cire rouge portant les armes de François de Conzié, camérier.

(Original parchemin : Archiv. municip. d'Avignon, Boîte 7. Pièce cotée II.)

## IV

*Bulle de Jean XXIII, concernant le syndicat du viguier, son lieutenant, juges et autres officiers de la ville.*

(5 décembre 1414.)

Johannes episcopus servus [servorum] Dei. Ad futuram rei memoriam. Debitum rationis exposcit ut qui justitiam in civitatibus et terris habeant reliquis ministrare, post eorum depositum, officium compellantur de se querelantibus coram eorum sindicis ut utriusque mensura justitiæ quælibet peragatur debite respondere. Hinc est quod nos, sentientes nonnullos ex vicariis, subvicariis ac judicibus secularis curiæ civitatis nostræ Avinionensis, qui fuerunt pro tempore, ceca cupidine ductos, in vicariatus, subvicariatus ac judicatus officiis ejusdem curiæ, iniquas sententias protulisse ac cives, habitatores et incolas prefatæ civitatis ejusque Comitatus, territorii et districtus multifariam et contra justitiam aggravasse, variosque excessus et crimina impune fuisse patratos, cum post finitum officium eorum, per sindicatus ministerium compulsi non fuerint de gestis et administratis reddere contra se querelantibus plenariam rationem Et cupientes quod in prefata civitate nostra, utique filia predilecta, et ad quam semper gessimus specialis dilectionis affectum, unicuique ministratur equa justitia per quam unaqueque res publica conservetur et suscipit incrementa ad succedenda emersura incommoda in futurum, volentes super premissis de oportuno remedio providere, motu proprio, non ad alicujus super hoc nobis oblate petitionis instantiam, sed de nostra mera liberalitate, auctoritate apostolica et ex certa scientia hac presenti constitutione duratura perpetuo, decernimus statuentes quod de cetero, omnes et singuli vicarii, subvicarii ac judices et alii officiales, quovis fungantur nomine vel officio, predictæ curiæ Avinionensis, qui sunt et erunt successivis temporibus, in futurum, *post finitum tempus officiorum suorum per decem dies continuos finem dicti temporis immediate sequentes, in eadem civitate moram trahere et de stando jnri cavere teneantur et debeant coram sindicis dictæ civitatis* vel altero ipsorum pro tempore existentibus omnibus et singulis civibus habitatoribus et incolis civitatis ejusdem ejusque Comitatus territorii et dictrictus de se querelantibus pro suo interese, duntaxat de justitia responsuri ita etiam quod prefati sindici summarie, simpliciter et de plano ac sine strepitu et figura judicii, hujusmodi querelas audiant et infra dictum decennium debito fine decidant ; quodque vicarius dictæ civitatis existens pro tempore, sententias predictorum sindicorum, in premissis teneatur et debeat executione debitæ demandare, quacumque appellatione contraria, necnon constitutionibus apostolicis, statutis municipalibus seu consuetudinibus prefatæ civitatis et aliis contrariis non obstantibus quibuscumque. Nulli ergo hominum liceat hanc paginam nostræ constitutionis infringere vel ei ausu temerario contraire. Si quis autem hoc attemptare presumpserit, indignationem Omnipotentis Dei et Beatorum Petri et Pauli Apostolorum ejus se noverit incursurum.

Datum Laude, nonis decembris, pontificatus nostri anno quarto.

(Original parchemin scellé sur lacs de soie rouge et jaune. Archiv. municip. d'Avignon. Boîte 7.)

# V

*Déclaration du viguier d'Avignon relative au droit du conseil et des consuls de la ville de barrer de chaînes les places et rues en cas de danger.*

(7 juin 1415.)

In nomine Domini, amen. Anno a Nativitate ejusdem Domini millesimo quadringentesimo quintodecimo, indictione octava, et die Veneris quæ fuit intitulata septima mensis Junii, pontificatus sanctissimi in Christo Patris et Domini nostri domini Johannis, divina providentia papæ vicesimi tertii, anno quinto, in mei notarii publici et testium infrascriptorum ad hec specialiter vocatorum et rogatorum presentia, personaliter existentes et constituti venerabiles viri domini Jordanis Bricii, legum egregius professor, assessor, et Jacobus Dinossii consindicus presentis civitatis Avinionensis, per venerabile consilium civitatis ejusdem deputati, ut ibidem asseruerunt coram nobili et potenti viro domino Petro Cornilhani, domino de Balmacornilhani, Valentinensis diocesis, vicario ejusdem civitatis personaliter reperto ante domum habitationis suæ in qua habitare solebat venerabilis et circumspectus vir dominus Junianus Chauvatii, utriusque juris egregius professor, sitam in parrochia sancti Symphoriani, et ibidem coram eodem, per organum dicti domini assessoris verbo explicarunt quod mos et consuetudo est, in hac presenti civitate Avinionensi, quod quando eadem civitas sive habitatores ejusdem habent aliquid dubium guerræ vel inimicorum, consuetum est, in civitate et in compitibus ac carreriis ad securitatem ejusdem civitatis Avinionensis, cathenas ponere ex traverso carreriarum et quamvis sit consuetum illas, in eisdem carreriis ponere, licentia alicujus minime requisita, ipsi tamen hoc facere nolebant sine licentia ejusdem domini vicarii qui presentialiter intererat et personam domini dictæ civitatis Avinionensis representat; quare eumdem dominum vicarium ex parte dictæ civitatis Avinionensis requisiverunt quod eidem placeret, attentis temporibus currentibus, licentiam dare dictas cathenas in carreriis et compitibus ejusdem civitatis Avinionensis ponere aut poni facere quando eis placebit et erit necesse ad defensionem et tuitionem ejusdem civitatis. Quibus sic auditis, per eumdem dominum vicarium eisdem dominis assessori et consindico respondit verbothenus quod sibi placebat quod dictæ cathenæ ad tuitionem dictæ civitatis Avinionensis per dictas carrerias et compitibus eorumdem ponerentur, dum tamen ipse non haberet reprehensionem a Reverendissimo in Christo patre et domino Johanne, divina providentia, episcopo Valentinensi et vicarii generalis predicti domini nostri papæ in dicta civitate Avinionensi et Comitatu Venayssini. De qua responsione eisdem sic per dictum dominum vicarium facta, dictus dominus Jordanus Bricii, assessor, nomine dictæ universitatis, petiit sibi fieri unum et plura publicum et publica instrumentum et instrumenta per me notarium publicum infrascriptum dictanda, corrigenda, refficienda et emendanda semel et pluries producta in judicio vel non producta ad dictamen, consilium et intellectum cujuslibet sapientis, facti tamen substantia in aliquo non mutata sed in omnibus observata.

Acta fuerunt hæc Avinione, ante supradictam domum habitationis ejusdem domini vicarii, presentibus ibidem venerabilibus viris dominis Pontio Trenquerii, legum egregio professore, et Foresio Nini, legum egregio licentiato, civibus et habitatoribus, Avinionis testibus ad premissa vocatis specialiter et rogatis.

(Original parchemin. Archiv. municip. d'Avignon. Boîte 7, côté MM.)

## VI

*Bulle de Martin V, défendant que nulle personne religieuse ni d'église puisse être pourvue de l'office de viguier.*

(1ᵉʳ février 1425.)

Martinus episcopus, servus servorum Dei. Ad futuram rei memoriam. Sincere devotionis affectus quem dilecti filii sindici et Communitas Civitatis nostræ Avinionensis ad nos et Romanam Ecclesiam gerere comprobantur non indigne meretur ut ad statum eorum pacificum et quietum prospere conservandum, paterna solicitudine intendentes, in hiis eorum petitionibus favorabiliter annuamus, illaque ordinemus et etiam statuamus quæ ipsis sindicis et communitati fore cognoscimus profutura et per quæ ipsius civitatis exoptata commoda valeant procurari. Hinc est quod nos, attendentes quod vicarii pro tempore deputati in civitate predicta habent jurisdictionem et potestatem plenariam etiam in civilibus et criminalibus causis de quibusvis excessibus, criminibus, maleficiis et delictis secundum occurentiam diversorum casuum cognoscere et judicare *et quandoque judicium et penam sanguinis etiam usque ad mortem inclusive exercere*, nec deceat neque etiam permissum sit, juxta canonicas sanctiones quod personæ religiosæ cujuscunque militiæ aut ordinis fuerint se in talibus debeant immiscere vel intromittere quovis modo. Propterea et premissis et ex certis aliis rationabilibus causis ad hoc animum nostrum moventibus, ipsorum quoque sindicorum et communitatis in hac parte supplicationibus inclinati, auctoritate apostolica, tenore presentium, statuimus et etiam ordinamus quod nullus, de cetero, religiosus cujuscunque status, gradus, ordinis, religionis vel conditionis existat, ad officium vicariatus dictæ civitatis ejusque exercitium, quavis auctoritate quomodolibet assumatur, recipiatur vel etiam admittatur et provisiones secus aut aliter factæ non teneant nisi de illis in litteris apostolicis, de presenti constitutione specialis et expressa ac de verbo ad verbum mentio habeatur. Decernentes ex nunc irritum et inane si secus super hiis a quo, quavis auctoritate, scienter vel ignoranter contigerit attemptari. Nulli ergo omnino hominum liceat hanc paginam nostræ constitutionis infringere vel ei ausu temerario contraire. Si quis autem hoc attemptaverit, indignationem Omnipotentis Dei et Beatorum Petri et Pauli Apostolorum se noverit incursurum.

Datum Romæ apud Sanctos Apostolos. Kalendas Februarii, Pontificatus nostri anno octavo.

(Original parchemin, scellé d'une bulle sur lacs de soie rouge et jaune. Archiv. municip. d'Avignon. Boîte 7.)

## VII

*Bulle de Martin V, ordonnant qu'après quatre ans, nul ne pourra être créé viguier s'il n'est chevalier ou issu de race de baron.*

(13 février 1425.)

Martinus episcopus, servus servorum Dei. Ad futuram rei memoriam. Ad statum nostræ filiæ predictæ civitatis Avinionensis prospere conservandum ejusque decorem et ornamentum, paternà diligentià vigilantes, illa libenter statuimus et etiam ordinamus per quæ civitas ipsa notabilibus et insignibus rectoribus et vicariis feliciter valeat gubernari. Hinc est quod nos, cupientes civitatem ipsam ejusque universitatem et cives peculiares filios nostros et romanæ Ecclesiæ quos in sinu caritatis nostræ paternaliter confovemus, per viros generis nobilitate preclaros, prudentia doctos et in bona gerendis rebus experientia comprobatos, quorum sapientia, diligentia et virtute, in ipsa civitate justitia conservetur, boni juventur et reprobi animadversione debita puniantur, ipsique universitas et cives providis gubernatoribus gaudeant se commissos. Ex premissis et certis aliis rationalibus causis ad hoc animum nostrum moventibus ipsorum quoque universitatis et civium in hac parte supplicationibus inclinati, auctoritate apostolica, tenore presentium, statuimus et etiam ordinamus quod post annum et deinde ad quadriennium, a fine ipsius anni inantea computandum et successive post ipsum finitum quadriennium usque ad beneplacitum nostrum, nullus cujuscumque status, gradus vel conditionis existat nisi *militari cingulo insignitus aut de Baronum genere* procreatus extiterint, ad hujusmodi vicariatus officium in dicta civitate quomodolibet exercendum recipi valeat aut debeat vel admitti, nisi de presenti constitutione et ordinatione in litteris concessionis vicariatus hujusmodi plena et expressa ac de verbo ad verbum facta fuerit mentio specialis. Decernentes ex nunc irritum et inane si secus super hiis a quoquam, quavis auctoritate scienter vel ignoranter contigerit attemptari. Nulli ergo omnino hominum liceat hanc paginam nostræ constitutionis et ordinationis infringere vel ei ausu temerario contraire. Si quis autem hoc attemptare presumpserit, indignationem Omnipotentis Dei et Beatorum Petri et Pauli Apostolorum ejus se noverit incursurum.

Datum Romæ, apud Sanctos Apostolos, Idus februarii, Pontificatus nostri anno octavo.

(Original parchemin scellé d'une bulle sur lacs de soie jaune et rouge. Archives municipales d'Avignon. Boîte 7.)

## VIII.

*Bulle d'Eugène IV, ordonnant que nul ne puisse être viguier s'il n'est chevalier ou issu de race de chevalier ou de baron.*

(23 juillet 1443.)

Eugenius episcopus, servus servorum Dei. Ad futuram rei memoriam. Pastoralis officii sollicitudo requirit ut secundum dignitates personarum et locorum nobis et Romanæ Ecclesiæ subditorum officiales in ipsis deputentur idonei qui, splendore officii, dignitatem personæ et prudentia valeant sustinere. Hinc est quod nos dilectorum filiorum sindicorum et consilii civitatis nostræ Avinionensis supplicationibus inclinati, tenore presentium statuimus, decernimus et etiam ordinamus quod in civitate prefata, nullus de cetero in Viguerium eligi, deputari vel assumi aut vigueriatus officio ipsius civitatis, ulla ratione vel causa prefici aut illud exercere, quacunque auctoritate possit aut debeat, *nisi Miles aut de Baronum genere procreatus existat.* Decernentes irritum et inane quicquid secus a quoquam, quavis auctoritate, scienter vel ignoranter contigerit attemptari in contrarium, editis non obstantibus quibuscunque. Nulli ergo omnino hominum liceat hanc paginam nostrorum statuti, decreti, ordinationis et constitutionis infringere vel ei ausu temerario contraire. Si quis autem hoc attemptare presumpserit, indignationem Omnipotentis Dei et Beatorum Petri et Pauli Apostolorum ejus se noverit incursurum.

Datum Senis, anno Incarnationis Dominicæ millesimo quadringentesimo quadragesimo tertio, decimo Kalendarum Augusti, Pontificatus nostri anno tertio decimo.

(Original parchemin, scellé d'une bulle sur lacs de soie jaune et rouge. Archiv. municipales d'Avignon. Boîte 7.)

## IX

*Lettre de Charles VII, roi de France, aux sindics d'Avignon, pour leur recommander son valet de chambre, Martin Heron, comme viguier de la ville.*

(19 mars 1449.)

A noz chiers et bien amez les scindicz de la ville et cité d'Avignon,

Charles, par la grace de Dieu, roy de France. Chiers et bien amez. Nous escrivons presentement par devers vous en faveur de nostre bien amé varlet de chambre Martin Heron, dont avez assez cognoissance, touchant l'office de viguier de la ville d'Avignon. Si vous prions bien acertes que, pour contemplation de nous, y vueilliez tenir la main envers Nostre Saint Père pour ledit Martin, à ce qu'il lui plaise donner audit Martin icellui office de viguier pour cette année presente. Et vous nous ferez très agreable et grand plaisir.

Donné aux Montiz-lez-Tours, le XIX° jour de mars.

Charles.

Et plus bas : Rolant.

(Original parchemin. Archives municip. d'Avignon. Boîte 8.)

## X

*Lettre de Charles VII, roi de France, aux sindics d'Avignon pour leur recommander son valet de chambre, Martin Héron, pour viguier de la ville.*

**(15 mai 1448.)**

A nos chers et bons amis les sindicz de la ville et cité d'Avignon,

Charles, par la grace de Dieu, roy de France Chiers et bons amis. Autresfoys vous avons escript en faveur de nostre bien amé varlet de chambre, Martin Heron, dont avez assez cognoissance touchant l'office de viguier de la ville d'Avignon, à ce que voulsissiez tenir la main envers Nostre Très-Saint Père le Pape pour ledit Martin et que, en contemplacion de nous, il lui pleust donner audit Martin ledit office de viguier pour cette année présente. Si vous prions que ainsi le vueilliez faire et telement vous y employer que la chose sortisse tel effect comme povez appercevoir que singulièrement le désirons. Et vous nous ferez très agréable plaisir.

Donné aux Roches Saint-Quentin, le XV$^e$ jour de may.

Charles.

Et plus bas : Badovilier.

(Original parchemin. Archiv. municip. d'Avignon. Boîte 8.

## XI

*Bulle de Pie II au sujet du serment à prêter par le viguier et les juges, à leur entrée en fonctions, de subir leur syndicat à la fin de leur charge.*

(18 janvier 1458.)

Pius episcopus servus servorum Dei. Ad perpetuam rei memoriam. Hiis qui pro felici statu et gubernatione civitatis nostræ Avinionensis ac civium, incolarum et habitatorum ejusdem provide facta sunt ut firma perpetuo et illibata persistant libenter cum a nobis petitur apostolici muniminis adjicimus firmitatem. Sane pro parte dilectorum filiorum sindicorum Consilii et Communitatis dictæ civitatis fuit nobis super expositum quod dudum venerabilis frater noster Petrus, episcopus Albanensis, pro nobis et Romana Ecclesia, in eadem civitate in temporalibus vicarius et Sedis Apostolicæ legatus ad ipsorum sindicorum et consilii requisitionem ut viguerius et judices ejusdem civitatis, ad judicandum pro tempore deputati, absque acceptione personarum, justitiam ministrarent, inter cetera statuit et ordinavit juxta formam quæ sequitur et est talis :

Statuimus et ordinamus quod judices, die ingressus sui officii, de mane, in consilio, post lecturam litterarum eorum potestatis, ante receptionem officii, teneantur jurare et jurent ad sancta Dei Evangilia quod ad requestam assessoris et dominorum sindicorum pro tempore, suum sindicatum facient, finito officio, et incontinenti tunc ad hoc libere et sponte offert : in propria et ante quemcumque recessum a civitate, si forenses sint, coram duobus valentibus viris et scientificis commissariis deputatis per Reverendissimum in Christo Patrem Dominum nostrum communem vel alium pro tempore hic presentem in capite pro Sanctissimo Domino nostro Papa, coram quibus dicti judices teneantur compare et se representare civitati et procedere summatim et de plano omni differato aut non et ut alias est juris in talibus ad ulteriora usque ad finem causæ et sententiam a qua non liceat appellare.

Item quod dicti commissarii possint et teneantur facere fieri per alterum ex servientibus curiæ Avinionensis potissime requirentibus, quibus supra preconizationem quod quicumque habentes vel habere pretendentes querimonias quascumque, ratione officii, contra ipsos judices vel alterum eorum proponere infra viginti dies et demum ipsas prosequi et facere finiri infra alios viginti dies, alioquin postea coram eis non audiantur.

Quare, pro parte dictorum sindicorum, Consilii et Communitatis, nobis fuit humiliter supplicatum ut statuto et ordinationi premissis pro illorum substantia firmiori robur apostolicæ confirmationis adjicere aliasque in premissis oportune providere, de benignitate apostolica dignaremur. Nos igitur, attendentes statutum et ordinationem hujusmodi fore equa et consona rationi, hujusmodi quoque supplicationibus inclinati, statutum et ordinationem predictas ac omnia et singula in eis contenta, rata, et grata habentes illa et inde secuta quecumque, auctoritate apostolica, tenore presentium, ex certa scientia, approbamus et confirmamus ac presentis scripti patrocinio communimus, supplentes omnes defectus, si qui forsan intervenerint in eisdem, ac decernentes et mandantes statutum et ordinationem hujusmodi perpetuis futuris temporibus observari. Nulli ergo omnino hominum liceat hanc paginam nostrorum approbationis, confirmationis, communitionis, suppletionis, decreti et mandati infringere vel ei ausu temerario contraire. Si quis autem hoc attemptare presumpserit, indignationem Omnipotentis et Beatorum Petri et Pauli Apostolorum ejus se noverit incursurum.

Datum Romæ apud Sanctum Petrum, anno Incarnationis Dominicæ millesimo quadringentesimo quinquagesimo octavo, quinto decimo kalend. februarii, Pontificatus nostri anno primo.

(Original parchemin, scellé d'une bulle sur lacs de soie rouge et jaune. Archives municip d'Avignon. Boîte 7.)

## XII

*Bulle de Paul II, changeant le nom de syndics de la ville d'Avignon en celui de consuls.*

(21 mars 1459.)

Paulus episcopus, servus servorum Dei. Ad perpetuam rei memoriam. Eximæ fidelitatis et devotionis affectus ac inconcusse fidei constantia quibus dilecti filii cives et habitatores civitatis nostræ Avinionensis erga nos et Romanam Ecclesiam hactenus claruerunt et quod adhuc de bono prosperantes in melius fulgere non omittent spem nobis prestantiorem pollicentes merito nos inducunt ut eorum officia titulis dignioris nominis attollamus. Intendentes igitur civitatem ipsam de bono in melius prosperari ac in suis officiis decorari, motu proprio, non ad alicujus nobis super hoc oblatæ petitionis instantiam, sed de nostra mera liberalitate, auctoritate apostolica et ex certa nostra scientia, quod ejusdem civitatis officiarii *Sindici* hactenus nominati qui nunc sunt et pro tempore illis in eorum officio succedent remanentibus eis nichilominus omnibus et singulis preeminentiis, jurisdictionibus et aliis privilegiis, ac indultis quibus tanquam *sindici* hactenus gavisi fuerunt et utuntur e presenti, de cetero, perpetuis futuris temporibus *Consules* ejusdem civitatis et non *Sindici* nuncupentur, illique sic *Consules* nuncupati, eorum durante officio, in hiis quæ honores et ad forum vacationes concernunt, duntaxat privilegiis, prerogativis, preeminentiis, exemptionibus, immunitatibus et indultis *militibus armatæ militiæ*, et illis intendentibus concessis et quibus utuntur et gaudent de consuetudine vel de jure pariformiter et absque ulla differentia uti, frui et gaudere possint, valeant et debeant, eaque ipsis suffragentur in omnibus et per omnia perinde ac superius sic Consules nominati absque ulla fictione milites armatæ militiæ illique et ejus exercitio intendentes et vacantes essent, auctoritate apostolica, volumus et statuendo ordinamus pariter et decernimus ipsisque officiariis presentibus et futuris, ut premittitur, Consulibus nuncupatis, concedimus per presentes, non obstantibus constitutionibus et ordinationibus apostolicis ac ipsius civitatis statutis et consuetudinibus juramento, confirmatione apostolica vel quacunque firmitate alia roboratis ceterisque contrariis quibuscunque ; per hoc tamen volumus ipsis consulibus aliquam aliam jurisdictionem ultra illam quam eo tempore quo sindici nuncupabantur exercebant acquiri vel eidem civitati in aliquo prejudicium generari. Nulli ergo omnino hominum liceat hanc paginam nostrorum voluntatis, statuti, ordinationis et constitutionis infringere vel ei ausu temerario contraire. Si quis autem hoc attemptare presumpserit, indignationem Omnipotentis Dei et Beatorum Petri et Pauli Apostolorum ejus se noverit incursurum.

Datum Senis, anno Incarnationis Dominicæ millesimo quadringentesimo quadragesimo nono, tertio Nonarum Martii, Pontificatus nostri anno secundo.

(Original. Archiv. municip. d'Avignon. Boîte 7, coté T.)

## XIII

*Lettres patentes de Charles de Bourbon, archevêque légat d'Avignon, ordonnant que les consuls et conseillers ne seront plus perpétuels, mais se changeront, les consuls, tous les ans, les conseillers, de deux en deux ans.*

**(14 décembre 1473.)**

Carolus de Borbonio, miseratione divina Archiepiscopus et Comes Lugdunensis, Galliarum Primas, civitatis Avinionensis et Comitatus Venaissini ac terrarum illis adjacentium ad Romanam Ecclesiam spectantium, pro sanctissimo Domino nostro papa et eadem ecclesia, cum potestate Legati de Latere, gubernator generalis, ad futuram rei memoriam.

Etsi quibuslibet locis et personis sub christiana religione constitutis ut Respublica prospere conservetur, regatur et foveatur ac irae et dissentionum scandalorumque ac omnis ambitionis fomenta amputentur defensionis presidio assistere teneamur, civitatibus tamen et terris et personis Romanæ Ecclesiæ subjectis nostro presertim regimini commissis, nos eo magis vigilare convenit quo civitates, terræ et personæ hujusmodi nostræ provisionis ope pacis et quietis amenitate letentur. Exhibita siquidem nuper, pro parte civium, incolarum et plebei universi civitatis presentis Avinionensis petitio continebat quod, per orbem universum, in unaquaqua civitate, villa, oppido atque castro indifferenter servatur ut ad consilia et administrationem suæ Reipublicæ certi temporales et non perpetui consiliarii et administratores eligantur, de omnique plebis statu personæ honestæ et prudentes bonum publicum privato preferentes assumatur, quod et naturali ratione ac omnium legislatorum sanctorumque patrum sanctionibus juste sancteque decretum est, ut singuli cives et incolæ subeunt onera, sic et honores ac premia successive assequantur et ex his alternatis assumptionibus pax, amor atque tranquillitas inter cives et incolas totiusque reipublicæ augmentum et conservatio educatur et foveatur sequiturque illius totalis destructio unde, inquit Sallustius, concordia parvæ res crescunt, discordia vero maximæ dilabuntur. Hinc etiam Licurgus, summus philosophus et Lassedemoniorum rex, inter ceteras leges quas composuit Reipublicæ, administrationem per ordinem divisit. Et cum, sicut eadem petitio subjungebat, hæc insignis civitas Avinionensis sub sanctissimi Domini nostri Papæ dominio ac nostro regimine constituta his conformem habens conventionem antiquissimam statuto, auctoritate apostolica, approbatam et merito confirmatam ab evo fere sic vixerit sicque feliciter in pace, unione atque tranquillitate prosperaverit, auxerit et triumphaverit et a nonnullis annis citra, certis aliis conformibus editis et capitulis super annua mutatione ejusdem civitatis consiliariorum et officiariorum factis, illa per bonæ memoriæ dominum Franciscum Narbonensem archiepiscopum, harum partium, dum viveret, pro sanctissimo Domino nostro papa vicarium et gubernatorem confirmari et approbari obtinuerit. Tandem paucorum ejusdem civitatis de consilio factionibus et ambitione, privatum atque particulare eorumdem commodum bono publico damnabiliter preponentium, id effectum est ut Consiliariorum nomen perpetuum usurpaverint contra statuta, conventiones et ordinationes, ut premittitur, juratas, contraque omnem juris et justitiæ rationem et equitatem in reipublicæ totalem destructionem cum ex tali injusta et reproba usurpatione demptis aliquibus paucissimis alii consiliarii nobiles, cives incolæ statum juraque ipsius civitatis nunquam intelligere potuerunt in ejusdem reipublicæ lesionem non modicam cum deceat ipsam rempublicam plures habere defensores et suarum rerum protectores. Unde omnes nobiles et cives predicti tam de consilio quam de extra, attendentes perpetuitatem hanc injustam et ad totalem Reipublicæ ruinam, obtinuerunt a Reverendo in Christo Patre domino Constantino, Dei et Apostolicæ Sedis gratia, Narniensis episcopo, tum in eadem civitate gubernatore, in Palatio Apostolico, convocari consilium de omni plebis statu ad eo ut nemine ipsorum discrepante, idem dominus Narniensis suam super mutandis, annis singulis, dictis consiliariis et officiariis ordinationem, sententiamque protulit et ibidem incontinenti executioni demandavit. Et quoniam hoc durum et intolerabile aliquibus paucis visum fuerit, omnia quæ potuerunt obstacula atque impedimenta prestiterunt ne tam salubris et laudanda mutatio suum debitum sortiatur effectum in ejusdem semper reipublicæ desolationem totalemque ruinam, nisi per nos super eisdem, more pii patris, de remedio provideatur oportuno. Nos igitur officii nostri debito satisfacere ac rei publicæ prefatæ civitatis, civium et incolarum ejusdem quieti et paci consulere cupientes, convocatis in nostra presentia consulibus, consiliariis ordinariis et extraordinariis ac civibus, adjunctis nobilibus, burgensibus notariis, mercatoribus aliisque probis et honestis hominibus dictæ civitatis in numero copioso et super premissis eorum votis et opinionibus intellectis nec non visis conventionibus, statutis et ordinationibus alias super his factis habitaque super his deliberatione matura, comperientes consiliariorum civitatis prefetæ mutationem conventionibus, statutis et ordinationibus necnon rationi et honestati ac circum vicinarum provinciarum moribus, consonam esse et reipublicæ utilem fore, ex eaque dissensiones, discordias et scismata civium sedari posse ac pacem et concordiam foveri commutendeque fraudis facilitatem ac suspicionem comodius amputari, apostolica auctoritate qua fungimur in hac parte, statuimus, decernimus et ordinamus quod deinceps consiliarii dictæ civitatis non sint nec erunt in posterum perpetui sed temporales, ita videlicet quod per nos vel nostros successores a Sancta Sede Apostolica deputandos, media pars ipsorum consiliariorum, exceptis consulibus et assessore, annis singulis, mutetur et consiliariorum mutatorum loco, octavo die ante festum Nativitatis Domini, consulum auctoritate antiqua quod de qualibet natione, scilicet originaria, italica, ac citramontana, tertia pars ponatur sed quod nullus consiliariorum, hujusmodi ultra biennium continue nisi forsan ipso non completo, consul eligeretur possit, in dictæ civitatis consilio remanere ; eo adjecto quod Consules qui sunt vel erunt pro tempore, finito anno sui consulatus, non possint in consiliarios anni proxime sequenti retineri. Et quia parum prodesset sententias sive ordinationes ferre aut facere nisi executioni debitæ demandarentur, idcirco tenorem sententiæ sive ordinationis nostræ presentis insequenti de antiquis consiliariis retinemus et nominamus in consiliarios et pro consiliariis eos quorum nomina sequuntur : Et primo magistros Christoforum Botini, Antonium Rolandi, utriusque juris doctores, Guillermum Rici, in legibus licentiatum, Johannem Radulphi, Guicharnaudum de Badeto, Clementem Litardi, Petrum Albertassii. Sequentes autem, videlicet : Dominicum Bruni, Baptistam Buxi, Bartholomeum Baudemontis, Antonium Bel, Johannem de Freno alias Boni, Cathalanum Borgarelli, Anthonium de Baldis, Anthonium Lauze, italicos, magistros Ludovicum Meruli, utriusque juris doctorem, Laurentium Thomassii, Accursium Guilhot, Baptistam de Brancassiis, domicellum, Dominicum Panisse, Giraudum Teppe, Petrum Thomassii et Girardum Lartessuti hujus civitatis originarios, magistrum, Johannem Guillermi, in medicina, magistrum, Claudium de Cruce licentiatum in legibus, Franciscum Mornassii, Petrum Ambergue, Franciscum Vialis, Colmetum Belloti, Philippum Galterii, Bertrandum Astassii, in novos consiliarios ejusdem eligimus et nominamus ; antiquos autem non nominatos neque retentos a predicto consilio amovemus et amotos esse decernimus per presentes.

In quorum omnium et singulorum fidem et testimonium premissorum presentes nostras statuti, decreti, sententiæ, ordinationis et executionis litteras per secretarium nostrum infrascriptum subscribi et signari mandavimus nostrique sigilli jussimus appensione communiri.

Datum et actum Avenione, in Palatio Apostolico et in aula de Jhesu vulgariter nuncupata, sub anno a Nativitate Domini millesimo quadringentesimo septuagesimo tertio, die vero quartadecima mensis decembris, Pontificatus Sanctissimi in Christo Patris et Domini nostri, domini Sixti, divina providentia papæ quarti, anno tertio. Presentibus ibidem Reverendissimis ac Reverendis in Christo Patribus dominis Johanne, Dei et Apostolicæ Sedis gratia, archiepiscopo et principe Ebredunensi, Sanctissimi domini nostri papæ referendario, Frederico de Salutiis, Sanctæ Sedis Apostolicæ prothonotario, Nicolao Lisa de Vulteris, legum doctore eximio, et pluribus aliis testibus ad hec assumptis et vocatis.

(Original parchemin. Archives municipales d'Avignon. Boîte 7.)

## XIV

*Bulle de Sixte IV, portant que les officiers de la ville seront annuels et que les conseillers se changeront par moitié tous les ans.*

(1ᵉʳ juiv 1474.)

Sixtus, episcopus, servus servorum Dei. Ad perpetuam rei memoriam. Supremis desiderantes affectibus ut civitas nostra Avinionensis quam paterna caritate dilectam habemus et peculiarem in statu felici et tranquillo perpetuo gubernetur ac inter illius cives et habitatores pacis et concordiæ bona quibus minima queque crescunt; ex discordia vero potentatus et regna maxima, si annalium volumus historias recensere, miserabiliter dilabuntur et pereunt, sub unitatis dulcedine procurare procurataque indissolubili vinculo conservare dilectorum filiorum Consulum, Consilii et Communis dictæ civitatis, in hac parte, supplicationibus inclinati, hac perpetua et irrefragabili constitutione statuimus et ordinamus quod, de cetero, officiarii et consiliarii dictæ civitatis sint annales sicuti ab antiquo, ex dispositione conventionis et statutorum ac ordinationum ejusdem civitatis esse consueverunt ac ex declaratione et ordinatione per venerabilem fratrem nostrum Carolum, archiepiscopum Lugdunensem dictæ civitatis nostræ, cum potestate Legati de Latere, gubernatorem per nos et sedem apostolicam deputatum, ut accepimus nuper cum debita maturitate et sano consilio factæ et editæ de presenti existunt illorumque officium per annum duntaxat sit duraturum ita videlicet ut, singulis annis, electio ipsorum officiariorum et consiliorum fiat pro media parte, ex antiquis remanentibus, more consueto, decernentes omnes et singulos officiarios et consiliarios ultra dictam mediam partem qui post annum, in dicto officio, contra formam dictorum conventionis, statutorum et ordinationis ac declarationis predictarum, etiam si confirmati forent officio ipso, ac qui tales confirmaverint confirmandi potestate perpetuo privatos et ad illud, illamque ad quodcunque aliud officium in dicta civitate exercendum penitus inhabiles fore gestaque et acta per eis post finem dicti anni nullius existere firmitatis. Et nichilominus eidem archiepiscopo et qui pro tempore, fuerit Apostolicæ Sedis legato seu cum simili potestate, etiam gubernatori per apostolica scripta mandamus ut has nostras constitutionem, ordinationem, statum, voluntatem et decretum attendant et observent ac faciant ab aliis auctoritate nostra inviolabiliter attendi et observari; contradictores quoscunque et rebelles cujuscunque dignitatis, status, gradus, ordinis vel conditionis fuerint, auctoritate nostra, per censuras ecclesiasticas et alia juris remedia, appellatione postposita compescendo, non obstantibus quod Consiliarii et Officiarii predicti ex quadam inventa consuetudine quam penitus reprobamus, eorum officia quandoque per plures annos exercuerunt aut quod eisdem officiariis et aliis quibuscunque ab eadem sit sede indultum quod interdici, suspendi vel excommunicari non possint per litteras apostolicas non facientes plenam et expressam ac de verbo ad verbum de indulto hujusmodi, ausu temerario, contraire Si quis autem hoc attemtare presumpserit, indignationem Omnipotentis Dei et Beatorum Petri et Pauli Apostolorum se noverit incursurum.

Datum Romæ, apud Sanctum Petrum, anno Incarnationis Dominicæ millesimo quadringentesimo septuagesimo quarto, quarto Nonarum Junii, Pontificatus nostri anno tertio.

(Original. Archiv. municip. d'Avignon. Boîte 7.)

## XV

*Bulle de Sixte IV, fixant à quarante-huit le nombre des conseillers.*

(1ᵉʳ août 1479.)

Sixtus episcopus, servus servorum Dei. Ad perpetuam rei memoriam. Ad civitatem nostram Avinionensem quam uti filiam nostram predilectam sinceris prosequimur affectibus. paternæ dirigentes considerationis intuitum, ad ea solerti cura libenter intendimus per quæ ipsius civitatis honor, decus et vetustas procuratur et hiis quæ propterea processisse cognoscimus interdum nostri ministerii partes interponimus nonnulla quoque statuere et ordinare compellimur quæ ejusdem civitatis prospero et felici regimini ac illius civium paci et tranquillitati fore conspicimus oportuna. Dudum siquidem statui Consilii ipsius civitatis intendentes ex certis tunc expressis causis, per alias nostras litteras inter cetera statuimus et ordinavimus quod Consiliarii dictæ civitatis quadraginta octo numero esse deberent et etiam quod nullus de dicto Consilio esse posset qui in civitate predicta Sedis Apostolicæ Officiarius, pro tempore, foret prout in eisdem litteris quarum tenores ac si presentibus de verbo ad verbum inserti forent, pro sufficienter expressis haberi volumus, plenius continetur. Nos prospero et felici regimini ejusdem civitatis ac consilii et consulum predictorum decori salubrius intendere volentes, motu proprio, non ad ipsorum consilii et consulum vel alicujus alterius pro eis nobis super hoc oblatæ petitionis instantiam, sed de nostra mera liberalitate, apostolica auctoritate, et ex certa scientia quod de cetero, perpetuis futuris temporibus, omnes et singuli qui in civitate predicta sunt et pro tempore erunt sedis Apostolicæ officiarii sint et esse possint civitatis ejusdem Consiliarii, ipsique Officiarii in Consiliarios ejusdem civitatis, ad instar aliorum Consiliariorum, secundum formam dictarum nostrarum litterarum, eligi et assumi possint viguerio, vicegerenti, vicario, officiali, conservatoribus, judicibus ordinariis et procuratoribus fiscalibus et nullis aliis officiariis duntaxat exceptis. Et quia in Consiliarios assumi debent personæ vita, moribus et virtutibus predictæ quæ possint, valeant opere et sermone aliis subvenire, statuimus similiter et ordinamus quod nullus fallitus sive etiam qui bona cesserit, seu bonorum cessionem fecerit, neque etiam eorum liberi de dicto consilio esse nec eligi possint, quodque nullus cujuscunque dignitatis, gradus, status vel conditionis existat in Consiliarium dictæ civitatis eligi aut assumi possit nisi tot bona immobilia et stabilia possideat quorum valor ad summam mille florenorum dictæ civitatis ascendat ac etiam propriam domum sive proprium domicilium in civitate predicta possideant. Decernentes ex nunc prout ex tunc, irritum et inane et sub excommunicationis latæ sententiæ pena, si secus super hiis a quoquam, quavis auctoritate, scienter vel ignoranter, in posterum contigerit attemptari. Non obstantibus constitutionibus et ordinationibus apostolicis ac aliis nostris litteris predictis presertim per quas volumus quod nullus Officiarius dictæ Sedis Apostolicæ de consilio dictæ civitatis esse posset, quibus ipsis alias in suo robore permansuris hac vice duntaxat motu et auctoritate similibus specialiter et expresse derogamus, ceterisque contrariis quibuscunque aut si aliquibus communiter vel divisim a sede predicta indultum existat quod interdici, suspendi vel excommunicari non possint, per litteras apostolicas non facientes plenam et expressam ac de verbo ad verbum de indulto hujusmodi mentionem. Nulli ergo hominum liceat hanc paginam nostrorum statuti, ordinationis, constitutionis et derogationis infringere vel ei ausu temerario contraire. Si quis autem hoc attemptare presumpserit, indignationem Omnipotentis Dei et Beatorum Petri et Pauli Apostolorum ejus se noverit incursurum.

Datum Romæ, apud Sanctum Petrum, anno Incarnationis dominicæ millesimo quadringentesimo septuagesime nono, Kalend. Augusti, Pontificatus nostri anno octavo.

(Original. Archiv. municip. d'Avignon. Boîte 7.)

www.ingramcontent.com/pod-product-compliance
Lightning Source LLC
LaVergne TN
LVHW050650090426
835512LV00007B/1130